生活禅
智慧道

释颢◎编著

中国华侨出版社

·北京·

图书在版编目 (CIP) 数据

生活禅 智慧道 / 释颢编著 .—北京：中国华侨出版社，
2012.5（2024.7 重印）

ISBN 978-7-5113-2334-7

Ⅰ . ①生… Ⅱ . ①释… Ⅲ . ①禅宗 – 通俗读物
Ⅳ . ① B946.5-49

中国版本图书馆 CIP 数据核字（2012）第 075694 号

生活禅 智慧道

编　　著：释　颢
责任编辑：刘晓燕
封面设计：周　飞
经　　销：新华书店
开　　本：710 mm × 1000 mm　1/16 开　　印张：12　字数：136 千字
印　　刷：三河市富华印刷包装有限公司
版　　次：2012 年 5 月第 1 版
印　　次：2024 年 7 月第 2 次印刷
书　　号：ISBN 978-7-5113-2334-7
定　　价：49.80 元

中国华侨出版社　北京市朝阳区西坝河东里 77 号楼底商 5 号　邮编：100028
发 行 部：（010）64443051　　　传　真：（010）64439708
网　　址：www.oveaschin.com　　　E－m a i l：oveaschin@sina.com

如果发现印装质量问题，影响阅读，请与印刷厂联系调换。

　　生活的内容是多姿多彩的，禅的内容同样是极为丰富圆满的，而禅与生活或生活与禅又是密不可分的。这种密不可分的关系，既反映出二者的实在性，同时也展现出二者的超越性；而人们面对生活进行禅的体验所涉及的对象又是无所不包的。正因为如此，我们只有从多角度透视禅的存在性和普遍性，才能真正认同生活禅这一理念的如实性和可行性。

　　从自然现象来说，茫茫大地是禅；满目青山是禅；潺潺流水是禅，浩浩长江是禅，青青翠竹是禅，郁郁黄花是禅；满天星斗是禅，皓月当空是禅；骄阳似火是禅，好风徐来是禅；皑皑白雪是禅，细雪无声是禅。从社会生活来说，信任是禅，关怀是禅，平衡是禅，适度是禅，布施是禅，和谐也是禅。从心理状态来说，安详是禅，睿智是禅，无求是禅，无伪是禅。从做人来说，善意的微笑是禅，热情的帮助是禅，无私的奉献是禅，诚实的劳动是禅，正确的进取是禅，正当的追求是禅。从审美意识来说，简单是禅，空灵是禅，含蓄是禅，淡雅是禅，向上是禅，向善是禅。当然，还可以举出更多现象来说明禅的普遍性，但仅此我们就已经可以发现禅作为真、善、美的完整体现，它确实是无处不在的。

　　一个不去觉悟的人，他生活中的心境常常是苦恼的、杂乱的，生活中的心往往是困惑的、无助的，尤其是现代的人享受现代文明之余，心灵层面却承受着更深重的无助感和空虚感。借助禅这面镜子，审视一下自己的心路；借助禅这盏灯，照亮一下自己的心境，这对消除烦恼、减少困惑会有很大帮助。

　　我们说的生活禅，如果就生活本身来说，从迷惘的生活到觉醒的生活，这个过程是生活禅，而从生活的觉醒到生活的超越更是一种禅的体现。如果在生活中不能运用禅，与生活脱节，那不是生活禅，也不是一个修禅者应有的态度。

　　在人间的现实生活中运用禅的方法，解除现代人生活中存在的各种困惑、烦恼和心理障碍，使我们的物质生活更高雅，精神生活更充实道德生活更圆满，感情生活更纯洁，人际关系更和谐，社会生活更祥和，从而使我们趋向智慧的人生，圆满的人生。

目录 / Contents

第一章　生活中的禅味

　　在我们的现实生活中，人们对禅的了解非常少，禅甚至被简单地指责为虚无主义，是否定人生价值的谬论。我想说的是人们并未觉察到，它积极的一面，也是人生智慧的深刻体现，它可以用一种独到的方法将我们心灵的迷惑一扫而光，这种方法潜移默化，不着痕迹。禅对我们的日常生活，对自然事物，都有着很深刻的启示。若你心如明镜，镜前万物都能通透彻明。可是你的心一旦陷于纠结、攀缘、幻想之中，你的心之明镜就会蒙上阴影，就会歪曲外物形象，进而曲解本质，徒生烦恼。因此，禅的目的就是擦拭我们心灵上的污迹，使之不受欲念牵累、贪念所绊，充满生命活力。禅可以改善我们的生活，它如同山中的清泉，可以涤荡心灵的尘埃，抚平人生的伤口。

第二章　修心并不神秘

现代生活中，诸多诱惑纷扰、名缰利锁，我们稍不留神便会陷入阴谋者的圈套，或为名利所累，失去内心的平静与纯真，迷失自己。要想冲出生活的迷雾，成功到达幸福的彼岸，我们就需要一颗强大的心灵——坚毅，勇敢，纯洁。怎样才能拥有这样一颗心灵呢？那就要靠我们持之以恒地不断"修炼"。

第三章　如何安顿好心灵

　　每日的忙忙碌碌会让人们焦灼，生活的琐碎会让自己没有耐心，充满惶然。我们需要怀有一份虔诚安顿心灵，让已慢慢浑浊的灵魂渐渐青翠和轻盈一些。拥有安谧的心灵，再苦的日子，也会有美好和诗意。

　　世人寻找一个恒常的、可以肯定自我的心灵世界。安顿自己的心灵，比开创一个事业更需要想象力和开创性。安顿我们的心灵，就是要给自己一个生活的理由。你若无法充分地安顿自己，就会迷失方向。你若不花点心思去照顾你的心灵，时间都变得毫无深意，无从排遣。

　　你曾经审视过自己的内在世界吗？心灵有所归宿，有所安顿吗？它是不是充满着充实感、饱满感、温馨感与光明感，有着不折不扣、实实在在的安宁、平和、快乐与幸福？一个人重视自己内心的情感，梳理好自己的情绪，活出自己的本质，才能使自己的心灵安顿下来，精神找到归宿，享受一种生命的安宁、平和、快乐与幸福，实现一种自由的生命。

第四章　佛陀般的快乐心情

　　快乐是自己的事情，只要愿意，你可以随时调换手中的遥控器，将心灵调整到快乐频道。快乐，对于这个词，很多人有不同的理解，一些人说玩耍就很快乐，一些人说学习很快乐，一些人觉得快乐则是将自己的时间安排好。人的目标不同，快乐的定义也就不同。例如饥饿的人解决了温饱，他就会感到很幸福、很快乐，有的人成了成功人士会觉得很快乐，因为目的达到了。当你的理想实现了，你也会感到很快乐很骄傲。然而快乐也不是没有烦恼，每个人都有烦恼，但并非人人都不快乐。快乐也不依赖钱财，有些人只有很少的钱，但一样快乐。也有些人身家丰厚，但也不见得笑口常开。人们能否一生都保持快乐，愉快地生活呢？古人云：富贵而劳悴，不若安闲之贫贱，贫贱而骄傲，不若谦恭之富贵。富贵贫贱，关键是要有生活质量，劳神伤身的富贵不如没钱而有快乐的贫贱生活，贫而知进取、知图强，这也是一种财富。人做事要豁达、潇洒，不拘泥于小节，不执着某一件事，才会多乐少忧。总之，无论贫富，人要有好的生活方式，良性循环下去，才会永久快乐！

第五章 善用其心的智慧

"善用其心"是大智慧，"善用其心"就是要不断优化我们的自身素质。

善用其心就是时时刻刻提醒自己保持正确的认识，分析和处置外界一切事务，保持内心意识的稳定平和，遇事冷静，宠辱不惊。善用其心，从主动意义说，是内心的反思看护；从被动意义说，是对正确原则的遵守和奉行。它应该包括方方面面的事情，我们的每一项工作，都要有此用心，才能够自利利他，否则就是自害害他。成败得失，长短之差，谁是真英雄？高手相搏，有时全靠心力的较量。谁的定力强、毅力强、应变力强、自信力强，谁才能成为真正的强者。善用其心，做一个生活的智者，而一个智慧的人，应该是一个懂得放弃的人，豁达而通透的人，而不是满脑子世故、满心算计、满眼功利之人。一个有智慧的人，该是一个快乐的人，而不是充满烦恼的人。所谓仁者无忧、智者无惑、勇者无惧。君子坦荡荡，小人长戚戚。智者的心灵是充满通透和光明的。

第六章　和而不同的心境

"君子和而不同，小人同而不和"，这是孔子给我们的智慧，这个哲理在当下尤其重要。"以和为贵"是中国文化的根本特征和基本价值取向。"君子和而不同"正是对"和"这一理念的具体阐发，"和"是我们人际关系圆润的最重要的条件。"和而不同"追求内在的和谐统一，而不是表象上的相同和一致。

有自己的个性和特色自然是好事情，但是太有棱角，锋芒毕露往往会碰伤别人也会伤害自己。很多时候，我们需要宽容，宽容别人就是宽容自己，何必总是动气，冲别人笑笑不是很好吗？即使他是你的敌人！

第七章　生活应当有所改变

　　生活不紧不慢地走着，日子越过越淡，犹如冲了太多次的茶水，色已白，味已淡，没有惊喜，波澜不惊，春天来了，见到第一朵花开也不觉得惊喜，感官都迟钝了。说好的聚会被无限期地往后推，每个人都缄默着表示赞同。偶然间翻出新年计划，莞尔：我要求自己要开心地过今年的每一个日子，我答应自己春天要去爬一座山，夏天要去看那片熟悉的海，秋天要去摘橘子，冬天要过一个暖冬。我本来给过去的一年作了个完美的计划。

　　骨节在咔咔作响，既然已经厌倦了同一个坐姿，那就换换吧，做个小小的改变，心情会变得新鲜。熟悉的风景用心细看，会发现别有洞天。

第八章　明心见性，大彻大悟

禅重生活意识，重人生态度，重人的精神。它是对物质世界的一种反省，对精神世界的追求与坚守。禅的最终目的是让人明心见性，摆脱物质欲望的束缚，去掉心灵的浮尘，重现澄明清静之境，让为物欲所累的世人大彻大悟，脱离对外在表象的妄想、执着，展现出自己本真的面目——一颗纯洁的赤子之心。

第一章

生活中的禅味

在我们的现实生活中，人们对禅的了解非常少，禅甚至被简单地指责为虚无主义，是否定人生价值的谬论。我想说的是人们并未觉察到，它积极的一面，也是人生智慧的深刻体现，它可以用一种独到的方法将我们心灵的迷惑一扫而光，这种方法潜移默化，不着痕迹。禅对我们的日常生活，对自然事物，都有着很深刻的启示。若你心如明镜，镜前万物都能通透彻明。可是你的心一旦陷于纠结、攀缘、幻想之中，你的心之明镜就会蒙上阴影，就会歪曲外物形象，进而曲解本质，徒生烦恼。因此，禅的目的就是擦拭我们心灵上的污迹，使之不受欲念牵累、贪念所绊，充满生命活力。禅可以改善我们的生活，它如同山中的清泉，可以涤荡心灵的尘埃，抚平人生的伤口。

弃乱相，守本真

佛由有相化为无相，脱去臭皮囊。当化为无相时，所抛弃的就是心中的那些杂念。现实生活中我们少计较表象，就会多一份本真，也能平添一份怡然的乐趣。

很久以前，一座寺庙里住着一位老和尚和一个小徒弟。有一天，山上来了一位达官贵人，为庙中捐了很多财物，老和尚热情地接待了他。

不久之后，山上来了一个书生，衣衫褴褛，面黄肌瘦，饿得几乎晕倒。老和尚见此状况，马上叫小徒弟将他扶进庙里，同时吩咐端上最好的茶，准备最好的斋饭。

小徒弟心中不解，为庙中捐了那么多的财物的达官贵人自然有资格喝最好的茶，吃最好的斋饭，而书生是一个不知从哪儿来的"叫花子"，师父为何还如此厚待他？于是，书生住在庙中的时间里，小徒弟从来都是冷言相对，并经常瞒着师傅将馊的斋饭端给书生。

书生告辞后，老和尚用泥巴塑了一尊菩萨像，然后叫来小和尚，告诉他这是自己用千金请来的菩萨。

于是，小徒弟每天认真地给菩萨上香，虔诚地念经。

一个月后，老和尚又将那泥菩萨削琢成一只猴子，放回原处。小徒弟发觉菩萨变成了一只猴子，吓了一跳，当然也不再去上香了。老和尚问起此事，小和尚惶恐地回答：

"师父，那菩萨变成一只猴子了！"

于是，老和尚拿过猴子，再次削琢，一尊菩萨塑像又栩栩如生地出现在小徒弟的面前。老和尚用棍子在小徒弟的头上敲了一下，慢慢念经，不再理他。

老和尚的敲打终于使小徒弟顿悟。

其实人类的本质都相同，只是被塑造出不同的外在形式。相，恐怕是世界上最能影响我们的东西。我们往往只在意眼见最直观的感觉，而习惯性地执着于我们所认识到的那个"相"，这种先入为主、不假思索的认可或否定只能让我们慢慢迷失自己，迷失于周遭，更迷失那本应无形无相的道。我们时常会被人的外貌所蒙蔽。你有没有想过在一张丑陋的面孔下也许会是一颗聪慧的心呢？你有没有想过一张美丽的面孔下是否也会有一副阴森的肚肠？美丽未必真的美丽，丑陋未必真的丑陋。

《巴黎圣母院》中，美丽善良的女神艾丝梅拉达和相貌丑陋却品德高尚的敲钟人卡西莫多演绎的一段传奇，让人久久不能忘怀。卡西莫多的外貌丑陋无比，不堪入目："四面体的鼻子，马蹄形的嘴巴，茅草似的棕色眉毛所堵塞的细小左眼，完全被一个大瘤所遮盖的右眼，那上下两排残缺不全、宛如城堡垛子似的乱糟糟的牙齿。"如果这是上帝不小心开的玩笑，那么这个玩笑就开大了。我认为这世上不会有比卡西莫多更残缺的人了。但人不可貌相。卡西莫多却有着一颗无比纯洁、美丽、善良的心灵。他爱慕艾丝梅拉达，如同守护珍宝般保护着她。艾丝梅拉达对他的种种厌恶，他毫不在乎。卡西莫多虽然一看就让人厌恶甚至是恶心，但是随着剧情的深入，随着他美好心灵与善良品质渐渐地显露，外在的缺陷早已被忽略。他向往女主人公艾丝梅拉达的善良，艾丝梅拉达最终也不再讨厌他了。他以纯真得不掺一丝杂质的爱情守护着艾丝梅拉达，试图使她远离一切伤害。当最后善良的卡西莫多选择用殉情的方式来抗争时，我们不能不为之动容。可见外表的差异是无法遮掩同样纯真美好的心灵的。

　　一个年幼的女孩曾经被老师在全班同学的面前嘲笑："你知道吗？你是个丑八怪啊！你不信？回去照照镜子吧，大家都是这么说的！"

　　这句话在女孩的心里存留了很久。即使她长大后事业有成，老师的那句话依然是她心中不可碰触的阴影。只要拿起镜子，她就会立刻想起：我仍然是个丑八怪，丑陋的小孩，不会有人理我，我不会有任何快乐。

　　多年以后，在敦煌小雷音寺的山门前，一个相貌平和的居士告诉她，她面前的这个门叫做"无相门"。佛祖慈悲，怜悯众生，进入此门者，再无相貌美丑、地位差异之分，佛祖面前，众生一律平等。

　　于是在无相门前，女孩释然，随后潸然泪下。

　　我们无法改变与生俱来的面孔，其实也无需改变，因为我们可以去升华自己的内心。当别人以貌取人，对你产生偏见时，无需自卑。我们有一个我相，看别人有一个人相、众生相，看万物也都有其相，正如我们觉得做老板的人是老板相，觉得做官的人是官相。但事实上，这些所谓的相都不过是表相而已，只是暂时存在，随时都可能变化消失。做官的心术不正，转眼就可能沦为阶下囚；面目丑陋的人，并不代表他不能快乐或成功。但我们往往过于执着认识到的那个相：自卑于自己相貌的人，可能会郁郁终日；做老板的人在企业里十分强势，在家中也执着于老板这个相，依然过于强势，那么对于自己的亲人来讲，他就无法融进他们的心中。做官的人也是如此，如果到哪里都颐指气使，执着于官相，必然会让人生厌。

事实上，我们不论处于怎样的地位，我们的相只不过是我们所扮演的一个角色，并不是我们自己。对角色太投入，就会迷失自我，陷入角色而不可自拔，直至痛苦不堪。佛教中的无相门，正是告诉我们：一切皆是表象，包括我们自己。放下我们所谓的我相、人相、众生相、寿者相，才能看到真正的本相、本我，还原我们的本来面目。

如钻石一样，内部的东西比外表的色泽重要多倍。有些人完全是徒有其表，就像一栋由于资金不足没有完工的大厦——它们有着宫殿般的门面，而内里却像村舍陋屋。这些人不容你入内休憩片刻，不过他们倒总是休憩着，因为一旦第一声问候过后，交谈就结束了。他们刚开始会殷勤有加，活跃得像西西里种马，不过立刻就陷入死海般的缄默。缺乏智慧泉水的灌溉，言词就会干涸。这些人极易愚弄只看事物表面的人，却无法蒙蔽那些目光敏锐，一眼就看穿他们空洞内心的人。

因执着于我相而在山门前哭泣的女孩，是不是你呢？著名画家陈丹青说过，我们的审美是被大众导向的。试问我们何苦拘泥于这表象而舍弃内心的本真呢？

┌─────────────────┐
│　　生活禅理　　│
└─────────────────┘

"菩提本无树，明镜亦非台。本来无一物，何处惹尘埃。"我们无需过分执着于表象，给内心留些空间容下本真的美好，终得真正有益的收获。

如御琴弦的感悟

是浮华的风带不走燥热的迷茫，还是指间的轻舞也变得越发笨拙迟缓？不去知道，也无法明了。这世间的一切，本无所谓有，无所谓无，亦无所谓真，亦无所谓假。我们只有呼吸着的每一天。感觉着现在的幸福，会发现，其实那些指间中的匆忙，也可以珍惜。

幸福很多时候就是一种感悟，一种自我寻找，并不是得到了就幸福了，也并不是失去了就不幸福了，智慧的人能在日常的生活中获得幸福，愚笨的人无论在什么情况下都难以幸福。珍惜身边的点点滴滴，珍惜我们的生命，让我们人生的每一天都变得更加美好！

有一个人，生前善良且热心助人，所以在他死后上了天堂，做了天使。他当了天使后，时常到凡间帮助人，希望感受到幸福的味道。

一日，遇见一个农夫，农夫的样子非常苦恼，他向天使诉说："我家的水牛刚死了，没它帮忙犁田，那我怎么能下田干活呢？"于是天使赐他一头健壮的水牛，农夫很高兴，天使在他身上感受到了幸福的味道。

有一日，他遇见一个男人，男人非常沮丧，他向天使说："我的钱被骗光了，没盘缠回乡。"于是天使给他银两做路费，男人很高兴，天使在他身上感受到了幸福的味道。

有一日，他遇见一个诗人，诗人年轻、英俊、有才华且富有，妻子貌美而温柔，但他却过得不快活。天使问他："不快乐吗？我能帮你吗？"诗人对天使说："我什么都有，只欠一样东西，能给我吗？"天使回答说："可以。你要什么我都可以给你。"诗人直直地望着天使："我要幸福。"这下把天使难倒了，天使想了想，说："明白了。"然后把诗人所拥有的都拿走。天使拿走诗人的才华，毁去他的容貌，夺去他的财产和他的妻子。天使做完这些事后离去了。

一个月后，天使再回到诗人的身边，他那时饿得半死，衣衫褴褛地躺在地上挣扎。于是，天使把他的一切还给了他。然后离去了。半个月后，天使又去看诗人。这次诗人搂着妻子，不住地向天使道谢。因为他得到幸福了。

人世间没有天使帮你重拾拥有，人类需要的是自救，自己拯救的幸福。幸福，感觉到了，便算是拥有。珍惜你全部的拥有，就是幸福的人。诗人在失而复得之间才体会到幸福，我们又何必麻烦，何不有感于你此时的拥有，让幸福感更长久一些。

所以幸福与否全凭自己，这和客观环境并不一定有直接关系，正如一个不爱珠宝的女人，即使置身在极其浮华的环境，也无伤她的自尊；拥有万卷书的落魄书生，并不想去和百万富翁交换钻石或股票；满足于田园生活的人也并不艳羡任何学者的荣誉头衔或高官厚禄。

心理学家想用几个字来定义幸福，无疑是不自量力。"很难说清楚它是什么，但是我知道，当它来临的时候我可以感觉到。"哲学家喜欢赋予幸福道德上的涵义，亚里士多德宣称，幸福的生活是一辈子都要有善行，如果你是有罪的，你不可能获得幸福。心理学家不会走得那么远，简单说来，幸福意味着感觉良好。吉尔伯特说："这种感觉就是当你孙女扑到你的怀里，当你帮助一个观光客找到他要去的地方，或者你大快朵颐吃着美味的汉堡、蔬菜沙拉时，体验到的那种感觉。""当你和爱人一起散步的时候，当你往孩子嘴里送苹果的时候……朋友，你不觉得你是在幸福之中吗？"换句话说，每个人体验幸福时的感觉是一样的，不一样的只是幸福的缘由。

对于追求幸福的方式，往往错的时候比较多，对的时候比较少。现在闭上眼，让你认为可以使你幸福的东西一一浮现在眼前：一辆豪华跑车、一次热带海滨的浪漫游、一幢绿树掩映中的乡间别墅……当你为了这些幸福而奋斗的时候，研究人员说，可以预测，你可能会犯错误。

幸福本来是一件简单的事情，只是人心太复杂。

一个单亲爸爸，独自抚养一个小男孩。有一天出差要赶火车，没时间陪孩子吃早餐，他便匆匆离开了家门。回到家时孩子已经熟睡了，旅途上的疲惫，让他全身无力。正准备就寝时，突然大吃一惊：棉被下面，竟然有一碗打翻了的泡面……

盛怒之下，他朝熟睡中的儿子的屁股一顿狠打。

"为什么这么不乖，惹爸爸生气？你这样调皮，把棉被弄脏……"这是妻子过世之后，他第一次体罚孩子。

"我没有……"孩子抽抽搭搭地辩解道，"我没有调皮，这……这是给爸爸吃的晚餐。"

原来孩子为了配合爸爸回家的时间，特地泡了两碗泡面，一碗自己吃，另一碗给爸爸。可是因为怕爸爸那碗面凉掉，所以放进了棉被底下保温。爸爸听了，一言不发地紧紧抱住孩子……

原来幸福就在一碗打翻的泡面里啊，有人惦记的感觉真好！一碗泡面，也是幸福的。这种细微的温情我们时常得到，值得用心感悟！

"一只小猫问妈妈：幸福在哪里？妈妈说：在你的尾巴上。小猫每天回头去咬自己的尾巴，可是总也咬不到。妈妈说：向前走，幸福就会一直跟着你了！"这段话在揭示了幸福难于琢磨的同时也展现出人类追求幸福的本性，所有的人都是渴望得到幸福的。而幸福往往在不经意之间就显现出来，无需特意地追逐，只需用心的体验！

那获得幸福的秘诀在哪里呢？审视一下自己的生活，多数时候，关于幸福的答案就在你周围的亲朋好友中。审视你拥有的感情，这些和谐的关系是否总是能带给你无穷的快乐？这些快乐的感觉妙不可言却与物质无关。你是否介怀别人真心的礼物太过廉价？那你就永远感受不到幸福。这些真实的存在，每天发生的细微的事情，请不要忽略。

幸福在哪里呢？很多人都在问这个问题，很多人也在每天寻找幸福。但是幸福不是跋涉千山万水才能找到的东西，幸福往往触手可及，但是又离我们很遥远。我想说的是，只要你想幸福，那么你就能幸福。吃一顿爱人做的早饭是幸福，亲一下自己的孩子是幸福，看到美丽的夕阳西下是幸福，听到远方朋友的问候是幸福……幸福无处不在，有智慧的人会在我们生活中的点点滴滴拾取到人生最珍贵的东西。

生活禅理

我们的幸福，它长得什么样子？现在的我们是不是真正拥有幸福？我想，答案应该是肯定的。觉得幸福与否并不在于自己所处的环境或拥有的东西，而是你的心。左右幸福的不是环境，而是心境。树欲静而风不止，是风动？是叶动？是心动！

纯真便是大自在

"寒来暑往几时休，光阴逐水流。浮云身世两悠悠。何劳身外求。天上月，水边楼。须将一醉酬。陶然无喜亦无忧，人生且自由。"古人这种不为物喜、不以己悲，自在豁达的心境，在如今几人能够拥有？

我们在寻找自由的路上孜孜以求，因为我们被生活束缚得难以喘息。只是自在无需寻找，因为自在源于内心，源于内心的一份纯真。而纯真是一种最简单最原始如婴儿般的心态。你愿意放下这世俗的杂念，做一个自在的人吗？

自由并不是你能随心所欲地去做任何事情，而是要保持一份简单的本真来应对生活。如果你没有按照你自己的心愿去生活，那么你就会感觉很累。许多人都是按照别人的意愿去生活，而违背了自己的初衷，所以活得痛苦而又无奈。活着其实是一种心情！世界本来是简单的，是我们将它变得复杂。时时抱着一颗纯真善良的心去做事，好运也会青睐你。

相传，有一位道高德重的僧人，静坐入定后，预感寺里一个小沙弥再过七天就要死了，因此，便打发他回家看看父母，并告诉他到第八天再回寺里来，意思是让他死在自己家中。这小沙弥到了限定的日子，竟然回来了，这位高僧感到很奇怪，又静坐入定来观察是什么原因。只见小沙弥曾经在回家的路上，看见一个蚂蚁洞，雨水将灌入洞时，他急忙脱下僧衣去兜土，挡住流水，使水没有灌入洞中。由于这个因缘，他获得延寿 12 年。

是小沙弥的纯真善良为他赢得了更久的寿命。做一个纯真的人最简单也最不容易，因为这份纯真要时刻心向往之，这个小沙弥做到了。

重新回忆起小时候的世界以及那时的人和事，心里总觉得很愉快。儿童活在游戏世界里，他们是自己真正的王者。他们心无旁骛，尽情欢乐。小孩都喜欢笑，有时不为什么或仅仅因为高兴也会大笑一场。孩子们常常幻想，他们对于世界有强烈的好奇心，他们有着丰富的想象力，他们知道怎样把最乏味的环境变成有趣的乐园……

我们成年人则不然，我们有太多的顾忌。即使我们内心深处仍是个孩子，但是表面上我们却一本正经，不苟言笑。我想说，成年人，请不要故作严肃，放下一切有形与无形的包袱，让自己重拾曾经的纯洁与善良，让自己活得如同小孩子一样单纯，这样的生活才是真正充满乐趣的生活。

这世界上一切的美好，其实都很简单。真正美好的爱情，其实就是很简单的，却又是激荡灵魂的；纯洁美好的友情，就是那种淡淡的，却又是深情隽永的；亲情的美好，也是因为它的简单，你不用费心经营，它竟永远存在，并且深深渗透进血液。以纯真的心态生活让人轻松快乐。纯真，让你深悟生命之轻，若飞花，若晚霞，若雨滴；纯真，让你洞悉心灵之静，若夜空，若幽谷，若小溪。纯真中有着真正的淡泊与宁静。

很多人，年纪不大，却很早就不单纯了，生活磨砺下的精明，不知什么时候，就会从眼神表情，行为举止里流露出来，藏也藏不住。可有些人，无论经历了多少时光的流逝，内心也仍然是一个长不大的孩子，依然像夜空里的星星那样，拥有清澈而明亮的眼神。人生就是一条河流。一切河流起初总是纯净无瑕的，到了下游才变得污浊。因为河流在奔向大海的途中，被冲进了许多泥沙，一点点变得浑浊。只有绿化两岸，才能够使它一路纯净下去。人生也是一样，只有不断"绿化"自己的心灵，才能使自己从始至终纯洁如一。

纯真，在文学家心中则幻化成一片赤诚，有时竟如未曾入世的处子。纯真就是施耐庵骑着板凳"打老虎"；纯真就是《红楼梦》作者增删十载，"哭成此书"；纯真就是鲁迅的"无情未必真豪杰，怜子如何不丈夫"；纯真就是郭沫若为写《女神》俯身亲吻大地。而作家在创作时所显露出的真性情，更令人钦敬。汤显祖写《牡丹亭》数次落泪，狄更斯俯身手稿痛哭失声，果戈理写作时时常捧腹大笑……作家们的这种纯真在世人面前显露无遗。而恰恰是这种纯真，才使作家们创作出那样有灵性的文字。

很多人，尤其是女人，随着岁月的增长，从最初如水般纯洁变得复杂而庸俗。诚然，人们每日里必须为了生计而奔波，不得已变得世故圆滑。然而，请在自己内心留下一个纯洁的角落。有一天，早晨醒来，试着像儿时一样大笑一次。让自己暂时忘掉所有繁杂琐事，回归到最原始的状态。

泰戈尔有句名言：伟大的人物永远是小孩，死了，他把天真留给世界。纯真的心不能失去，这是做一个健康、快乐、自信的人的需要；纯真的女人更受宠爱，更能发现生活特有的乐趣，更能时时快乐，彰显自信。

纯真像花一样美丽。将自己的心变得如同儿时一样纯洁，你会感觉到生活的乐趣，你会每天都绽放最美的笑容。生活会因为纯真而愈加美好。

我们奉献一生，生活一世；经历了风雨与磨难，经历了冤苦与凄楚，最后发现最可珍贵的却依然是一颗纯真的心。回归纯真吧！纯真是简单，是美好，是物欲世界里一颗闪亮的星。纯真，才是人生的智慧。

生活禅理

一个纯真的人，无需计较世俗的纷扰，不用争执于蝇头小利。管护内心的一方净土，任凭自由的感觉驰骋其中，怎能不自在？

坦诚相待的艺术

人和人相遇靠的是一点缘分，人和人相处靠的是一点诚意，人和人相交靠的是一颗真心。都说人生得一知己足矣，其实不是知己难寻，是我们没有博大的心，没有拿出真心与别人交换，只有坦诚相待才能换来另一颗真心，只有惺惺相惜才能换来相知的眼神。

佛说，前世五百年的回眸才换得今生的一次擦肩而过。人与人在大千世界中能够相识相知，成为挚友，成为爱人，这是难得的缘分，是人生最值得珍惜的东西。人与人想要结成最亲密的朋友，就需要坦诚相待。

齐国的国君齐桓公是第一个霸主。齐桓公能成功的重要原因之一是他有两个得力的助手——管仲和鲍叔牙。管仲是一位有才干的政治家，而他的成功又是和鲍叔牙谦虚让人的品德分不开的。

管仲和鲍叔牙从小就是好朋友。他们互相帮助，真诚相待。长大以后，他们一同去齐国谋生。当时齐国的国君齐襄王有两个弟弟，一个是公子纠，一个是公子小白。说来真巧，管仲和鲍叔牙分别当了他们两人的老师。齐国发生内乱，齐襄王被杀死，谁来当新国君呢？公子纠和公子小白便争起来。结果公子小白当了国君，他就是齐桓公。

为了治理好国家，齐桓公问鲍叔牙有什么高见。鲍叔牙说："您需要一个才智过人的贤人来帮助。"齐桓公说："难道还有比您更能干的人吗？"鲍叔牙肯定地说："有，就是管仲。""管仲？！"提起管仲，齐桓公便咬牙切齿，原来在公子纠与公子小白争王位的时候，为保公子纠做国君，有一次，管仲躲在树林中向公子小白暗射了一箭，幸好射在衣带的铜钩上才没受伤，所以小白与管仲结下了一箭之仇。鲍叔牙说："管仲的才能超过我十倍，您要是不记前仇，真心实意请他来，不但能治理好国家，恐怕其他各国也得听您指挥呢！"他说服了齐桓公，设法把管仲请来。管仲见齐桓公不记一箭之仇，非常信任他，就决定帮助齐桓公治理国家了。

管仲在齐桓公支持下，对齐国进行了一番改革。几年时间，齐国就富强起来，此时为了让管仲充分发挥才能智慧，鲍叔牙却谢绝挽留，悄悄地离开了齐桓公和管仲。他的为人令大家钦佩，管仲说："真正了解我的是鲍叔牙。"后来人们常用"管鲍之交"、"管鲍遗风"来称赞管仲和鲍叔牙的友谊。

《礼记·大学》中说："诚真意者，毋自欺也。"就是说，要做一个真心实意的人，不要自欺。习惯欺骗的人，虽然能一时骗过他人，也偶尔能获得一些好处。然而，天长日久，别人就会发现他的居心，失去对他的信任，最终将他舍弃，他失去的只会更多。所谓"真心待人，人必以真心还报之；欺诈待人，人必以欺诈治其身。"说的就是这个道理。

真诚的关怀，暖人心房；真诚的称赞，催人奋进；真诚的沟通，彼此信任；真诚的合作，必获成功……真诚如三月的东风，拂去了心灵的尘土；真诚如春日的雨丝，滋润着心灵的花朵。真诚给了我们希望与力量。智慧如水晶，虽耀眼却刺目，真诚却如美玉，色泽柔而温和。许多事凭着智慧是做不到的，只有凭真诚才能成功。

一个人如果能够把名利得失放下，凡事都以诚相待，那么他的人生必然会是快乐的。这些可以从平凡的人生中得到印证：赤诚待人是一种乐趣；努力工作不计报酬是一种乐趣；毫无心机助人为乐是一种乐趣；一片丹心感化坏人是一种乐趣；人不知而不愠是一种乐趣，热心服务他人是一种乐趣……只有这些平凡的"乐趣"才能保持住人内心真正的快乐，使人的容颜永远美丽而又年轻。一句亲切的问候，一个关怀的眼神，一句温情的话语……快乐到处都有，而只有那些心胸广阔的人才能发掘。

人们不知何时变得如此麻木，不知何时变得如此圆滑；不知何时变得如此势利，不知何时变得如此虚伪。人们又不知何时变得如此骄傲自大，不知何时变得如此的薄情寡义；不知何时变得如此的阴险狡狯，更不知何时变得不会感恩。

落花有意，流水无情。然而流水纵是无情，却不去伪装有情。它坦荡地流走落花，不带一丝眷恋。让走的走，留的留，虽无情却极美。正如徐志摩的诗："悄悄地我走了，正如我悄悄地来；我挥一挥衣袖，不带走一片云彩。"生活中，有多少人能像流水一样心怀坦荡地对待一个人，一件事，一份情？又有多少人能做到心怀感恩，不带一丝污浊？我想也很难有人做到，就包括我自己也很难做到。

人际交往中如果缺少了真诚，就如同河流缺少了桥梁，大海缺少了帆船。你将永远无法到达成功的彼岸，更无法到达胜利的巅峰。和人交往多一份真诚，你的生命里就多一条美丽的风景线。彼此坦诚相待，不要受到地位、年龄、性别、地域和民族的限制，人与人之间缺少了这份坦诚，便是成为自贬身份的巴结，便成为磨不开情面的敷衍。这是毫无意义的浪费。人与人之间有了真诚，便有了心灵的桥梁，便有了成功的木筏，便有了成长的阶梯，便有了和谐的关系。由此可见，只要真诚所在的地方，那里就必定永远阳光明媚，晴空万里。每个人自由而舒畅地呼吸，自由而舒畅地生活，自由地亲吻阳光，他们的脸上也必定会洋溢着发自内心的微笑。

社会中人与人之间不免要合作，要克服合作带来的矛盾与摩擦，合作双方必须相互依赖，坦诚相待，荣辱与共、休戚相关，这样大家才能团结一致、共同创造美好前程。

然而如何才能做到相互依赖、坦诚相见呢？

一定要对合作人进行感情投资。你要对合作人倾注真诚的情感，要密切联络彼此之间的感情而不要只谈生意场的事，要使他感到温暖，感到你时时处处都在为他着想，由此让他对你心服口服；其次，你还要主动替他排忧解难。每个人都会遇到困难，如果这时候你能向他伸出援手，并表示同情与支持，他必定会对你充满感激与信任，你们自然就会建立亲密的友谊；最后，还应该与他多多交流与沟通，坦诚地交换意见，加深了解。当你们产生冲突或者他没有认识到自己的错误时，你也不要焦躁，而要从整体利益考虑，诚心诚意与他交换意见，摆出分歧和误会，更要站在对方的立场上考虑问题，以减少矛盾。

对别人坦诚相待，你也会有真心的回馈，这样你的世界就会是阳光灿烂，花朵鲜艳；岁月里天空不再飘雨，心也变得温润。人和人或许不是一段永恒，或许只是生命中的一个过客，但因为这份缘分而使生命变得生动起来。即使没有未来又有什么关系？至少，这份真诚会在你的心中埋下一粒快乐的种子。

生活禅理

　　一个纯真的人，无需计较世俗的纷扰，不用争执于蝇头小利。管护内心的一方净土，任凭自由的感觉驰骋其中，怎能不自在？

　　坦诚不需要虚情假意；坦诚不需要掩饰，坦诚不需要造作。只要你走进它的领地，欣赏它的内涵，具备它的境界，它就会完全地袒露于你的面前，和着你的灵魂，伴着你的身躯，时时闪耀着文明、高尚的火花。

你是一只"笨鸟"吗

　　凡夫的心态往往肆意傲慢、刚愎自用。即使明知何者为是，何者为非，仍纵容自己任意地背道而驰，招来祸患与懊悔。唯有去除任性轻浮的习气，谦虚地接受人生的真理、生活的教育，才能活得光明又幸福。

　　很多时候"笨鸟"并不是我们没有做到很多事情，而是我们不能听取别人的意见，笨也许就笨在傲慢上。我们需要一颗谦虚谨慎的心，认真听取别人的意见，认真地去执行，唯有如此，我们才能把自己的不足稍稍补回来！

传说在深山里有一座栖息着神仙的湖泊，湖水湛蓝清澈，湖边林木葱郁、繁花似锦，景色十分美丽。

湖边的林木中，有一棵树特别高大，枝叶非常茂密，很适合鸟儿筑巢安居；一段时间后鸟儿繁殖得越来越多，鸟巢占满了整棵树。

由于这棵大树的树枝茂盛得延伸至湖面，鸟粪常掉落湖中，经年累月，整个湖被污染得肮脏浑浊，湖神终于大为震怒，湖水翻腾不已，冒出熊熊烈火，想要烧毁这棵树。

鸟群中的鸟王赶紧命令所有鸟儿飞离大树，大部分鸟儿都追随鸟王飞走了，但是有些鸟儿心存侥幸，以为烈火不会持续很久，坚持不肯离开，最后都被大火烧死了。

这些鸟儿对别人的建议置之不理，先疯狂，后灭亡。

人为何而谦虚？因为人的资质是不完善的，人的能力是不周全的，人的智慧是有限制的，人不是全知全能的，人是谦卑存在的动物。第一，人的道德是有缺陷的。人必有自责，无能为力的事情，这样人就不能完全完成自己的道德义务，有时是认识不足，有时是能力不足，有时是条件不具备。第二，人的能力有缺陷。人不可能样样都会。三人行必有我师，所以人要谦卑。第三，人的知识有缺陷，人对于世界，对于自身还是知之甚少的，所以人一定要谦虚，要记住，大千世界永远有些东西是你无法了解的。

人又为何不谦虚？首先是因为人的无知，无知的人不知道人外有人，天外有天，不知道自己只是大千世界的一粒细沙。盲目的骄傲会导致骄横，蛮不讲理，恣意妄为，肆无忌惮，为以后的灾难埋下伏笔。其次是因为无德。没有道德的人是骄傲的，因为道德是人的束缚，没有道德的人就不识束缚，这样的人往往随心所欲，胆大妄为。第三是因为无耻，无耻是道德沦丧的表现，无耻的人认为自己总是对的，谁都不能指责自己，这样的人失去了认识自己的机会，总以为自己是天下第一，最终必定会失败。

谦虚有益于人。谦虚的人处世待人总是温和的，骄傲的人则是肆无忌惮的。谦虚使人总是处于不败之地，"以其不争，故天下莫能与之争"。《三国演义》中周瑜骄傲自大，而诸葛亮却虚怀若谷，最终周郎终于被孔明三气而亡。谦虚对身心也有好处。谦虚可以延年益寿，历来长寿之人必是谦虚的。谦虚也是符合自然、人文之道的。不自以为是，不为所欲为，这样才能和自然，和社会和谐结合，既不伤害自己，也不伤害别人。谦虚的人总是能处在不败之地。

但是如何才能保持谦虚之心呢？第一就是要看到自己的优点与缺陷，看到自己的优点是容易的，而看到自己的缺点却很难。只有真正明白自己的缺点，人才能真正谦卑起来。第二就是要使用谦虚的语言，恶语伤人恨不消，谦虚之言则不会伤害别人。人既要积极奋斗，又要谦虚自守，谦虚不是什么都不敢做，而是在积极行动中保持一颗谦虚的心，使自己既是果敢的行动者，又是态度谦虚者，这就是所谓君子之风。

没有一个人是十全十美的，每个人都存在这样或那样的不足，即使是伟人，也是如此，谦虚对一个人而言是必要的，不谦虚就会造成大的灾难。个人不谦虚是个人的不幸，君主不谦虚是一国的不幸。行为谨慎，言语谦卑才是合格的人。人实在是很渺小的，"渺沧海之一粟"。人是带着不完善来到这个世界的，这种不完善中包含着死之必然。每个生命都会死亡。死亡是无知、无能、无耻的集中体现，它能够彻底毁灭生命。所以，骄傲是无知、无能，无耻的集中体现，骄傲最接近死亡。骄傲导致落后与灾难，甚至灭亡。科学增长了人类的骄傲，而这样的骄傲必然演变为自然的报复。所以，人类对自然要谦虚，不要以鸡蛋打石头。

谦虚的人才是智慧的，谦虚的人最会听取别人的建议，借助别人的知识增加自己的智慧。谦虚的人才是长寿的，谦虚的人始终看到自己的缺陷和不足，这样的人始终保持自己的身心的健康，顺应自然。"谦，尊而光"，谦虚是高贵的，因为谦虚是自我的最佳的定性，可进可退，这样就是内在的光明。谦虚是外在柔和，而内在刚健的。所以，只有谦虚是无往而不胜，无所而不通，无微而不至的。

生活禅理

人人都希望得到智慧，可叹很多人竟然不知智慧为何物，将智慧与聪明混为一谈。智慧是一种内敛的聪明，聪明外露就不是智慧了。是什么呢？是傲慢。佛家有"五毒"曰：贪嗔痴慢疑。慢就是傲慢，自以为是，骄傲自大，看不起人，对于他人不如自己的，或超过自己的，乃至与我程度相等的，都表现轻慢态度，造成不能与人和睦共处的苦恼。

用心感悟

人都是在快乐、不快乐，以及二者之间生活。当我们非常不快乐的时候，我们就彻底失败了。因为我们将自己置于绝望的境地。当我们非常快乐的时候，就可以领悟到生活的美好从而知道珍惜自己。而当我们生活在此两极之间，我们才能够真正感悟人生。

痛苦和悲哀是相伴随而生的，然而每个人驾驭它们的能力不同，所获得的人生体悟也会不同。当你的收入仅够生存时，你就可能被浓雾所遮蔽，在苦闷中生活。而当你收入增多，生存之外略有节余，你就有机会追求更美好的生活。此时的你就不仅是在自己的象牙塔里，你走出蜗居，去向更远处眺望。你会看到生活原来如此美好，并且你发现你可以使它变得更好。最重要的是你可以通过修身养性来改变自己的精神，改变自己的心灵世界，你会拥有一颗更美好的心灵。

生命的重新缔造是需要一定的条件的。生命不仅要有衣穿，有饭吃，生命更要有一种精神的力量。当你用心去感悟人生的时候，你就会发现全新的自己，你就会发现一个更广阔的世界。

从前，有两个饥饿的人得到了一位长者的恩赐：一根鱼竿和一篓鲜活硕大的鱼。其中，一个人要了一篓鱼，另一个人要了一根鱼竿，于是他们分道扬镳了。得到鱼的人原地就用干柴点起篝火煮起了鱼，他狼吞虎咽，还没有品出鲜鱼的肉香，转瞬间，连鱼带汤就被他吃了个精光，不久，他便饿死在空空的鱼篓旁。另一个人则提着鱼竿继续忍饥挨饿，一步步艰难地向海边走去，可当他已经看到不远处那片蔚蓝色的海洋时，他浑身的最后一点力气也使完了，他也只能眼巴巴地带着无尽的遗憾撒手人间。又有两个饥饿的人，他们同样得到了长者恩赐的一根鱼竿和一篓鱼。只是他们并没有各奔东西，而是商定共同去找寻大海，他俩每次只煮一条鱼，经过遥远的跋涉，来到了海边，从此，两人开始了捕鱼为生的日子，几年后，他们盖起了房子，有了各自的家庭、子女，有了自己建造的渔船，过上了幸福安康的生活。

一个人如果只顾眼前的利益，他只能得到暂时的快乐与满足；一个人有远大抱负，但也需要面对现实。人生的悲喜并不是由物质决定的，或许充裕的物质会给你带来暂时的欢悦，然而很快你就会感到空虚与不满足。心灵深处有另一个声音总会在你耳边响起，令你辗转而不能眠。心灵世界新的需求会再次逼迫着你，你的心灵不容许你只停留在物质层面上，而是让你不断追寻更高远的存在。这时你才真正回归本我，回归大我。

没有谁会对生活永远感到满足。人总是得陇而望蜀。同时命运也总是坦途中给你障碍，好让你激励自己奋勇向前。生命的圆满只是一种美好的愿望。然而我们也不能因此就丧失信心，麻木不仁，没有任何想法，任生活拖着我们前进，活在漠然的境界里。这样的日子是何等单调与苍白。你将与生活中的一切美好的事物擦肩而过。生命里的精彩有一些你就永远不可触及。

如果你不懂得呵护自己，你就不会感到生命之重。如果你不愿意为自己负责，那你就是轻视生命。没有人能够拯救你，只有自己才是自身真正的解救者。

如果你对自己有所期待，你就会勇于拯救自己。正如你不理财，财不理你。生命也是如此。生命不会自己去成长，它需要你的努力。如果你对自己毫无信心，你就生活在虚无里。外在的资源永远是有限的，自身才是无限的资源。只有自己才能给予自己。

外面的世界再精彩，也和你没有关系。别人的成败更与你无关。你应将自己的心境调整到最好的状态，做自己必须要做的事情，时时省视自己的内心，而不能使自己陷入空无的境地。如果别人认为你是株草，你就真的觉得自己只是株草，从来也不渴望长成一棵树，那么你就是失败的。成为一棵树是自己的责任，你的责任就在于成就自我。

如果有一天道德与良知被发现，很多人会为自己的所作所为感到惭愧，因为他们都在做着自私的事业，总是为自己，不去为他人。而世界从来不以个人的利益为中心。我们走过光怪陆离的物质世界，我们就会发现前面的精神世界。那么你就会对自己的作为进行审判，并进一步走向更高的境地。

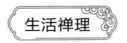

生活禅理

当生活在现实里被打磨，周遭带给你无尽的悲痛时，试着让内心先安静下来。暂时做生活的冷眼旁观者，待时机成熟，用智慧开启你未来的人生之路。

第二章

修心并不神秘

现代生活中，诸多诱惑纷扰、名缰利锁，我们稍不留神便会陷入阴谋者的圈套，或为名利所累，失去内心的平静与纯真，迷失自己。要想冲出生活的迷雾，成功到达幸福的彼岸，我们就需要一颗强大的心灵——坚毅，勇敢，纯洁。怎样才能拥有这样一颗心灵呢？那就要靠我们持之以恒地不断"修炼"。

从另一个角度看事情

人生苦短，世界上不存在极乐天堂，没人能永远快乐没有烦恼，没有人能够逃脱不幸与不快，即使你长途跋涉，走遍天涯海角，寻得一个看破红尘的得道禅师，他或许同样也逃脱不了现实中的猜疑、精神上的不满和生活中的无聊。

乐观的人和悲观的人也只是那一念之间的区别，所以你所能做的就是端正态度，试着从另一个角度看问题，妥当地去应付生活中不愉快的事情。换一个角度看问题，你会看到人生异样的风景，换一个角度看问题是智慧的体现！

一个小和尚在庙里待烦了，总觉得心情烦闷、忧郁，高兴不起来，就去向师父诉说了烦恼。

师父听了徒弟的抱怨说："快乐是在心里，不假外求，求即往往不得，转为烦恼。快乐是一种心理状态，内心淡然，则无往而不乐。"

接着，他给徒弟讲了这样一个故事：

某个村落，有个老爷，一年到头的口头禅是"太好了，太好了"。

有时一连几天下雨，村民们都为久雨不晴而大发牢骚，他也说："太好了，这些雨若是在一天内全部下来，岂不泛滥成灾，把村落冲走了？神明特地把雨量分成几天下，这不是值得庆幸的事吗？"

有一次，"太好老爷"的太太患了重病。村民们猜想：这次他不会再说"太好了"吧？于是，都特地去探望他们太太。

哪知一进门，这位老爷还是连说："太好了，太好了。"

村民不禁大为光火，问他："你未免太过分了吧？你太太患了重病，你还口口声声太好了，这到底存的什么心呀？"

这位老爷说："哎呀，你们有所不知。我活了这么一大把年纪，始终是老婆照顾我，这次，她患了病，我就有机会好好照顾她了。"

讲完了故事，师父启发弟子："生活在世上，能把坏事从另一个角度看成是好事，不是很有启示吗？只要抱着积极乐观的态度，面对一切遭遇，就没有什么摆脱不了的忧郁。"

每件事情都有两面，换个角度就会换种结果，换个角度思考，你的问题也许根本不成问题；换个角度思考，也会让人产生不同的心态。同样是剩了半杯水，悲观者会说："唉，只剩半杯了！"而乐观者会说："哈，还有半杯啊！"这就是面对同一事物的两种心境。换个角度思考，从消极中找寻积极的一面，让自己快乐起来；与人相处时，学会换位思考，你会发现别人更多优点，你会包容别人更多缺点，这样你就会拥有一片更广阔的天空。上帝想让我们将思考的角度放得高，所以把我们的头颅放在我们的肩膀上；上帝想让我们看得更远一些，所以把我们的眼睛放在脸的前面。如果你提升的思维高度，并且能够向纵深里伸展，常常换个角度思考问题，那你就会从平凡小事中发现哲理。世上的事情都是相对的，碰到问题时，要从多个角度看待而不要直撞南墙。应该相信终会拨云见日。俗话说：笑一笑，十年少；愁一愁，白了头。对于一件事，如果你把它看做快乐，那么你就会很快乐，如果你把它看做悲哀，你就会变得很悲哀。而且你只能选择其一。人生总有些不完满的事，遇事换个角度去思考，把它变成一件快乐的事，为什么不这样做呢？逝者如斯夫，时间总会过去，我们又为何不快乐地过呢？

　　一位母亲有两个儿子，都在经商。大儿子经营雨伞，小儿子经营斗笠。一到下雨天，母亲就为经营斗笠的小儿子担忧：怎么办啊？下雨了，谁来买斗笠啊？于是，母亲的心情非常坏，愁眉苦脸的。一旦出太阳，气候开始炎热，这位善良的母亲又开始发愁了：大儿子的雨伞谁买啊？于是一年到头这位母亲都是闷闷不乐。邻居见到这位大妈自从孩子做雨伞和斗笠的生意后日渐消瘦，就问其原因，大妈倒也是如实说起。听得邻居哈哈大笑，说她是杞人忧天，为什么不将事情从另一个方面去看，即换个角度看问题："下雨的时候，你要为你的大儿子高兴，他今天一定生意兴隆。晴天艳阳高照的时候要为小儿子祝福，一定会有很多人来买斗笠的，这样想，你就每天都高兴了，不是吗？"大妈恍然大悟，从此以后，心情一天比一天好。

　　生活中我们也会犯类似的错误，为难自己的心情。

　　有两个台湾观光团到日本伊豆半岛旅游，路上到处都布满了坑洞。其中一位导游连声抱歉，说路面简直像麻子一样。 而另一个导游却诗意盎然地对游客说："诸位先生女士，我们现在走的这条道路，正是赫赫有名的伊豆迷人酒窝大道。"同样的情况，不同的态度，就会产生不同的结果。思想是你自己的，如何支配，是你自己的事。

人们生活在同一个地球上，共同沐浴风雨阳光，然而每人都有各自的命运。有人说人生像酒一样芳香甘醇，使人陶醉；有人说人生像苦海一样，波涛险恶无边。其实，人生的成败得失、高低起跌都是可以互换的。命运的好坏得失，关键在于心态。哲人说：境由心生。面对黄昏，消极者看到的是凄凉无边，想到的是英雄末路；积极者却能够从中看到"残阳如血"的博大壮阔，想到"夕阳无限好"的豪放。面对枯树，消极者看到的只是那满身的伤残，乐观者却能看到它孕育着新的生机与活力。可见，对同一事物，看待角度不同，感受就不同。若每个人都能够调整心态，积极面对人生的苦与乐，那么他就会有一个健全的人生。

人生永远充满风雨，人生路上处处都埋藏着痛苦与荆棘。有时那痛苦就像雷雨一样突然而至，令你猝不及防。有谁不向往美好的生活，有谁愿意放弃理想，有谁情愿抛弃未来？其实我们的要求很简单，只是想要幸福。

在人生漫长的旅途当中，我们追求幸福，却往往会失败。当我们的爱情幻灭时，我们是痛苦的，当我们遇到不平事时，我们是痛苦的，当我们面临悲欢离合时，我们是痛苦的。其实我们为什么要这么悲观呢？为什么不换个角度看人生呢？人生道路漫漫，谁都不可能一帆风顺，任何人的人生都存在着缺陷。因为失败而流泪的人是弱者，换个角度看人生，将失败看做人生的另一音符的人才是胜利者，才是勇者。小草虽没有花的娇艳，却可以默默无闻的装饰大地，小溪虽没有海洋的浩瀚无际，却可以浸润沿途的植株。

换个角度看人生吧！乐观从容地面对人生逆境，坦然平淡地看待痛苦，何乐而不为？不抛弃，不放弃，坦然从容地面对人生。努力让自己的生命之水永远奔流，学会换个角度看人生，人生处处可飞花，善待自己，自强不息，你会拥有一个美丽的未来……

人生有好有坏，然而都是一笔宝贵的财富。所谓塞翁失马，焉知非福，坏的事情也不一定就永远是坏的，很多事常常到最后才能知道结果，遇到不好的事情时，换一个角度去看待，人生就会有不一样的精彩！

生活禅理

换个角度看人生，是人生处世的一种境界。从另一个角度看问题，也会产生另一种处世观。生活在当今时代，如果我们能够换个角度思维，便会看得开、放得下那些工作、生活中不如意的人和事。即使人生中出现失败，我们也不妨认识到，失败一次会使人对成功的内涵理解得更透彻一层；失误一次，就会对人生的醒悟增添一码；不幸一次，就会使人对生活的理解更深一级；经过了一次人生的磨难，就更会使人对世事的认识更成熟一些。山不转水转，只要是有山有水，总会有柳暗花明之处。

坦然面对自己的错误

面对错误，最佳心态是坦然。坦然是一种理性的态度，犯错的人往往往会陷入两种境地：要么深深自责，要么将错就错破罐破摔。这两种情绪对生活无益，前者是徒增悲痛，后者坐失获得经验的机会。

知错就改方显一个人的力量，这也是一个人有希望的标志。生活其实很简单：如果你丢了一件东西，努力去寻找，找不到就放下，再去追寻下一个。没有好的结束，就没有下一个好的开始。不能尽快地结束，也就不能尽快地开始。摔倒了就赶紧爬起来，继续赶路。

人难免会有犯错误的时候，知道自己错了，坦诚地承认就是最理智的选择，何必用更大的错误来折磨自己呢？人非圣贤，孰能无过。犯错并不可怕，只要懂得及时弥补，及时改正，不要在同一个地方摔倒就好。

人是不怕犯错误的，所谓知错能改，善莫大焉。只要我们记录下自己的错误，并加以分析，以免重蹈覆辙。这样，错误就变成了经验。在某种意义上讲，这些经验比结果还要珍贵。

俄国大作家托尔斯泰在年轻时曾一度花天酒地，不思进取。但他及时醒悟，并对自己约法三章，还主动参军，以锻炼自己的意志，为他将来要走的路打下了良好的基础。最终美好的品质在他身上扎下了根，他成了历史上最伟大的作家之一。

人生在世，总会犯些错误。面对不可避免的错误，有些人能够坦然面对，积极纠正，从错误中吸取教训，使错误发挥它的积极作用。而另一些人，却不去正视错误，又或者竭力文过饰非，无视错误的严重性，活得浑浑噩噩，沉陷在错误中无法自拔，因一次小小的过错就开始变得不自信，对自己加以怀疑，甚至自我放逐。如果说前一种人一步步将自己引向幸福的殿堂，而后者却是一步步将自己推进不幸的深渊——即使跨出一小步便可得到幸福，他们也不愿意向前，而是任凭痛苦吞噬自己。

在职场上坦诚面对自己的错误，不仅不会使别人对你产生反感，可能还会让别人更加痛快地原谅你的错误。知错就改是一种积极向上、积极进取的人生态度，是一种敢于面对一切的潇洒不羁，也是职场的成熟人士所必须具有的一种风度。所以说，不为自己的错误进行辩解，勇于承担责任并且积极改正错误，才是我们应该具备的素质，才是我们应该正确做事的方法。

有些人是明白自己犯了错误的，但因为怕丢面子，丧失威信，而缺乏改正错误的勇气。更有甚者，一意孤行，将错就错，这其实是一种懦夫的行为。实际上，勇于承认过错并改正，不仅不会被嘲笑，反而会赢得别人的尊敬。

错误在人的一生中是不可避免的，我们只能做到尽量不犯重大错误、立即改正已知错误、并不去犯同样的错误，在错误和挫折中使自己不断完善、不断成熟、不断强大、不断超越。责任是不能推卸的，我们要清醒地认识到：绝不要放过对错误的纠正，绝不可以以各种借口来为自己辩护并原谅自己。正如美国西点军校《军规》中强调的那样："要养成不找借口的习惯。""失败不容有借口。如果情有可原，可将情况说明，但这种说明即便被接受了也不能作为借口"。承认错误，承担责任，是每个人应尽的义务。能够担负责任的人才值得信任，才能委以重任。面对过错，我们不要试图逃避自己应承担的责任，而是要勇敢地面对它。我们应在内心深深牢记承认错误、担负责任，让它成为我们脑海中的一种强烈的意识和人生的基本信条。

生活禅理

古人云：知错能改，善莫大焉。知错不改，会让你在错误的路上越走越远、越陷越深，那就非常危险了。那么你就失去了道德修养之根本。只要错误和失败与己有关，就要抱着承担 100% 责任的态度去剖析，去总结，去规划，去彻底地改正。不放过任何一点细小的过错，对自己真诚，才能够反躬自省，不断地进步。

不同命运的两把宝剑

老子说："凿户牖以为室，当其无，有室之用。故有之以为利，无之以为用。"一个房间最重要的不是四周的墙，最重要的恰恰是当中的空间。如果房间塞满了各种杂物，空间便失去了更多的利用价值。人生路上我们丢丢捡捡，是要留下最宝贵的。

世事如棋局。人走每一步都要面临抉择，一个又一个的选择组合成人的命运，而选择不同，命运也不相同。

懂得生活的人，总是能够学会选择与放弃。多余的东西再好也无用，无论是财富、安乐、朋友，都像下面例子中剑刃上多余的钢铁，应该毫不吝惜地磨掉！

有一个铁匠，打造了两把宝剑。

刚刚出炉的时候，它们一模一样，又笨又钝。

铁匠想把它们磨得快一些。其中一把宝剑想：我身上都是上好的钢铁，来之不易，还是不磨的好。它便把这个想法告诉了铁匠。

铁匠答应了它。

铁匠去磨另一把宝剑，另一把没有拒绝。

经过长时间的磨砺，一把寒光闪闪的宝剑磨成了。

铁匠把两把剑都挂在了店铺里。

不一会儿就有顾客上门，顾客一眼就看上了磨好的那一把，因为它锋利、轻巧、合用。而钝的那一把，虽然钢铁多一些、重量大一些，但是无法把它当宝剑用，它充其量只是一块剑形的铁而已。

同样出自一个铁匠之手，同样的功夫打造，两把宝剑的命运却是这样天壤之别！锋利的那把又薄又轻，而另一把则又厚又重，前者是削铁如泥的利器，后者只是一个中看不中用的摆设、一个包袱。

人生中的许多道理也和这一样。人生并不要求你全面发展，面面俱到，而是去自如地运用你已经掌握的东西。

我们生活在世界上，应该认识到世事的艰难。我们都食尽人间烟火，经遍喜怒哀乐，尝尽酸甜苦辣，历尽荣辱兴衰。我们必须学会不去逃避，学会直面现实。人生是一个容器，要及时清除其中无用的垃圾与废物，不然恐怕直到生命尽头，它所承载的也仍然是毫无价值的东西。

我们需要放弃一些无谓的坚持，才可以换回真正幸福。如果做事不去分辨，事无巨细，唯恐不能尽其完美，结果就是你的成绩越来越大，压力越来越多，他人对你的要求也越来越高。哪天你略有懈怠别人便会觉得你是不负责任，消极怠工。其实，一个人的精力有限，哪里可以事必躬亲，这样只会毁了自己。

放弃一些坚持，并不是让你对现实妥协，而是让你将境界提高的另一种更高的层次使自己少一些烦恼与忧愁。使自己不管处于什么样的困境，遇到什么样的烦恼，都能以豁达的心态，将这些困境、烦恼、悲伤都不放在心上。因为，放弃了执着，就意味着你已经不执着于我相，不执着于我相，就不会为自己而烦恼，无我是一种超越自我和超越现实的境界。当然这不是一件容易的事。然而在你没有办法去改变残酷的现实面前，不懂放弃也就意味着自身的失败与毁灭。

有人说过，年轻的时候靠"加法"活着，当我们认识生活的本真就靠"减法"活着。

年轻时候人总是充满欲望，想要获得名利、朋友、金钱、学识等。然而没有人可以完全正大光明地获得这些。人们为了得到这些而变得处心积虑，机关算尽。于是伴随着得到，人也失去了很多的东西。只是在年轻的时候，人们并没有意识到自己失去的是比得到的更珍贵的东西。我们一心想要钻营，一心追求身外之物，随着对物质欲望的一天天膨胀，我们的心灵垃圾也越来越多，虽然年方二十，却已进入老年。

但当我们逐渐成熟，才会发现自己内心的感受才是最重要的，生活的快乐不在于你得到了多少，而在于你是否得到了你需要的东西，所以不要在为了一些不值得的事情而浪费自己的生命。学会放弃一些东西，将自己并不真心想要的东西放弃，或许少了一个表面的朋友，少了一些物质，但你获得了一种纯净的快乐，这才是永恒的，有价值的。

自己心里究竟要坚持什么，怎么坚持，坚持到什么程度，这都应该在自己的心里有一个标准，而"外"的一些东西则可以随它而去。逢场作戏也好，尔虞我诈也罢，都是镜花水月而已。

失去一个朋友，我也会难过，错过一次机会，我也会扼腕叹息，其实仔细想想，根本就不值得，这些原就不属于自己，再阿Q一点，没准自己会因此而摆脱了一种负担。

放弃对很多人来说，是一件非常困难的事。我们常常只知道占有。看到琳琅满目的东西，内心莫名的欲望就会膨胀，看到美食，想吃；看到时尚衣服，想买；看到热辣的美女，流连忘返。于是自己的内心开始受刺激，我们想要轻而易举地占有这些，衣服、零食、化妆品、电脑……别人有的我也要有，要和别人一样。

对于现实的过高请求，超越幻想的梦想和妄想，对名誉、地位、得失的琐碎竞赛等，这些都是需要丢弃的负累。假定不丢弃掉这些，它们会占压你的心房，成为你心灵的枷锁。想要活得轻松自如，活得康乐伸展，就要淡泊名利，安于幻想，知足常乐。因而，要学会摒弃生涯中的担负，舍得丢掉多余的器械。摒弃负累，丢掉多余，更是一种肉体的解脱。我们的人生，似乎就是在一种不时清零的过程中走向一个又一个新的起点，追随一个又一个新的目标。面前的繁花似锦，总有一地残红的那一天。而那光溜溜的树枝，又会有千树万树梨花开的时节。人生中，有了追求，有了目标，就有了不时向前的决心和自傲心。

圣雄甘地说："地球提供给我们的物质足以满足每个人的需求，但不足以满足每个人的贪欲。"工业革命带来物质的极大丰富，商业革命带来物质的过剩，信息时代则将欲望扩张到极致。占有了外在的物质形式，却堵塞了内在的智慧之源。

生活禅理

人的一生就如一次旅行，在这一路上总是能够有太多的东西让人难以割舍。但并不是每一件东西都对你很重要。这就需要你分清自己的真正需要。这些东西包括你的名誉、地位、财富、亲情、人际、健康、知识等；另外，当然也包括了烦恼、忧闷、沮丧、压力等。这些东西，有的早该丢弃而未丢弃，有的则是早该储存而未储存。你可以列出清单，决定背包里该装些什么才能帮你到达目的地。但是，记住，在每一次停泊时都要清理自己的口袋：什么该丢，什么该留，把更多的位置空出来，让自己活得更轻松、更自在。

摇落的叶子

活着的人，有活在过去的，有活在未来的，但能真正的活在当下的，少！这需要快乐得活着，不要想太多，快乐就行！如此，许多困扰自身的问题就可以迎刃而解。"活在当下"也是佛家修行的要诀之一。我们应当体会其中的神韵，而不只是依文生解。

"明日复明日，明日何其多，我生待明日，万事成蹉跎。"明天是一个永远的未知，它因为来的时候已经是今天。只有今天才是我们生命中最重要的一天；也只有今天才是我们唯一可以把握的一天；活在当下的人最幸福，如果你痛苦，那么你就是在缅怀过去，或者陷入了未来的虚无。

有个小和尚，他每天早上负责清扫寺院里的落叶。

清晨起床扫落叶实在是一件苦差事，尤其在秋冬之际，每一次起风时，树叶总随风飞舞落下。每天早上都需要花费许多时间才能清扫完树叶，这让小和尚头痛不已。他一直想要找个好办法让自己轻松些。

后来有个大和尚跟他说："你在明天打扫之前先用力摇树，把落叶统统摇下来就可能不用扫落叶了。"

小和尚觉得这是一个好办法，于是第二天他起了个大早，使劲地猛摇树。他想：这样，就可以把今天跟明天的落叶一次扫干净了。

一整天，小和尚都非常开心。

第三天，小和尚到院子一看，傻眼了。院子里如往日一样是落叶满地。

一位老和尚走了过来对小和尚说："傻孩子，无论你今天怎么用力，明天的落叶还是会飘下来。"

小和尚终于明白了，世上有很多事是无法提前的，唯有认真地活在当下，才是最真实的人生态度。

为什么要活在当下？因为如果在某个时刻你没有活在当下，这段片刻的生命就变成一段空白。你想要自己的生命成为一段一段的空白吗？

可是生活中有多少人因为过去生活中曾经发生的事件而耿耿于怀、郁郁寡欢？有多少人为了子女的未来而焦头烂额。因为过去和未来，我们忽视了当前，而当下才是生命所在呀！所以，我们在丢掉当下的同时，也在丢弃我们的生命。

认真地面对生活，你会发现，每个人都处在过去与未来之间。然而过去与未来都不能够为我们左右，因为它并不存在。我们只能活在当下——此时的小小片段。对我们来说，只有当下是具体的。只有当下能够把握，并且好好度过。但这也必须在"丢开过去，不负担未来"的前提下，才能办到。时间一去不返，当下转眼即成为过往。

有人总是期望如果给我一个机会，我会……如果让我再来一次，我将……如果我当初这样做，那么，我现在是……为什么不能把握现在所拥有的机会？与其去奢望那些不切合实际的东西，不如把握现在已拥有的，努力工作，努力奋斗，只要把握住现在，在不久的将来，那些原本得不到的东西才会不期而至。

不要奢望假如，把握现在才是最重要的。如果连现在都把握不住，何谈将来！如果连现在的生活都把握不住，那么你怎么能够有一个美好的未来？

一位哲学家无意间在古罗马的废墟里发现一尊"双面神"像。这位哲学家虽然学贯中西，但对这尊神像却很陌生，于是问神像："请问尊神，你为什么一个头，两副面孔呢？"

双面神回答："因为这样才能一面查看过去，以记取教训；一面瞻望未来，给人以憧憬。"

"可是，你为何不注视最有意义的现在？"

"现在？"双面神神情一片茫然。

"是啊，过去是现在的逝去，未来是现在的延续。你既然无视于现在，即使对过去了如指掌，对未来洞察先机，又有什么意义呢？"

双面神先是一愣，既而就号啕大哭起来。原来，他就是没有把握住"现在"，罗马城才被敌人攻陷，他因此被人视为敝屣，被丢弃在废墟中。

人生不能在徘徊中度过。现在才是最美好的。把握现在，才能拥有未来并决胜于未来。丢弃了现在，那你就永远丢弃了未来。

昨天已成过往，明天永不来临，只有当下的生活能够把握。把握现在，不要沉浸在过去里，总回忆过去的一切，有限的精力就会被白白浪费；把握现在，就不要痴想未来，老憧憬明天的种种，现在的时光就会白白流逝。

生活，可以有无尽的喜悦，可以有深沉的伤恸。不变的是如果你一心一意做你现在所做的事，你所经历的便是一个深具意义的时刻。那个时刻就是我们的此时此刻。珍惜自己的现在吧，怜取眼前人，眼前的物，才不会把遗憾留给明天。

"我的童年留下了太多阴影"，"我担心以后他是否依然爱我"……还可以举出无数例子。我们总想活在过去，但我们根本无法活在过去；我们总想活在未来，但我们根本无法活在未来。我们只能在此刻，只能在这里，只能活在当下。这是谁都无法改变的真实！

我们对未来有着太多的期待，期待自己的未来会更好，期待自己永远顺利。于是我们拼命又拼命，努力再努力，我们的头脑中只有一个念头：只要实现了梦想，我就满足了！这拼命和努力会一直持续，直到死亡，我们的头脑里还有另一个不为人知的念头：至少到死亡的那一刻我可以实现吧，那样我就死而无憾了！看到了吗？对未来的期待，就是对死亡的期待。

但你仍然活着呀！我要说：你现在是活着的！

活着，就满足了。还需要什么呢？

"今朝有酒，细细品味"是活在当下。活在当下的人，每一口酒、每一口菜都会带着最大的喜悦细细品尝，还会不时发出"哦"的赞叹，就像是从来没有品尝过一样。而且在尽情享受美好东西的同时还会冷静观察自己，知道什么时候够了、什么时候该停了。

生活禅理

活在当下就是像一个带着好奇心正在探索世界的孩子一样，把整个世界、把每一个片刻都当做未知，细细品尝每一次的真实感觉、感受，没有任何的应该和不应该、没有任何的好和不好，只是全然的允许、全然的存在。

和头脑对抗你永远都是输的。对付头脑的方法就是不要对抗、不要改变、不要否定、不要逃避，只是静静地好奇地看着。小心哦，千万别被它带走，只是看着，就像看着别人的想法（想象）一样。而你可以做的（也就是你拥有的资源）就是回到此刻、享受当下，有意识地带着微笑创造自己想要的生活。

安逸的生活也可能是地狱

　　安逸的生活也是一种地狱，虽然它没有刀山可上，火海可蹈，油锅可赴，但是它可以慢慢摧毁你的理想，侵蚀你的心灵，甚至让你成为一具行尸走肉。人活着并不是为了享受现有的生活，而是为了创造更好的生活！吃苦才是年轻人最不应该拒绝的事情。

　　吃苦才是一剂良药，苦的滋味固然不好受，但吃苦的经历却能让人沉淀出智慧和力量，让心灵变得强大而宽阔，表现出生命的张力和丰富。所以，吃苦要趁早，成名不用急的。

　　任何事情都是有正反两面的，有利有弊。当把"苦"吃透后，悟出的道理就很多，远见和超前思想便成为一种习惯。功底加深了，智慧也随之增长数倍，你会感觉没有任何困难能打倒你，没有任何挫折能击毁你，这时你充满着人生中第一次真正的自信——平静泰然的自信。

　　主动体验生活的磨难，才能获得超乎年龄的智慧，这是一种人生储备，这种能量，有时能救人于危难，于水火。我们不要坐等安逸的生活，那样只会招来痛苦，只有主动面对人生风雨才能享受得到真正的生活。

　　一个养蚌人来到海边，认真地在沙滩上挑选沙粒，并且问那些沙粒是否愿意变成珍珠。沙粒们都对变成珍珠表现了极大的兴趣，但想到要住在寒冷、阴暗而又潮湿的蚌壳里又怕得要死。当养蚌人告诉它们要变成珍珠就避免不了与孤独、寂寞为伍时，沙粒们一个个选择了离开。他已记不清遭到了多少颗沙粒的拒绝，几乎就要放弃了，终于有一颗沙粒答应了他。

别的沙粒都嘲笑这颗沙粒愚蠢，可这并没有动摇这颗沙粒的决心。几年过去了，这颗小沙粒长成了光彩照人、价值连城的珍珠。那些曾经嘲笑过它的伙伴，仍还是沙粒，有些甚至已经不知道被风吹到哪里去了。

有很多人说，人生下来就是来世界上受苦受难的。是的，人生确实不会总是平坦，很多时候，我们会尝到苦难。但是，很多人在离开世界的时候很舍不得，这是为什么呢？这是因为世界有很多美好的东西，超过了苦难，比如亲情，比如成功，比如爱情，比如感恩……生命是丰富多彩的，值得我们好好地去品味，那是种苦尽甘来的滋味，也只有苦过以后的甜才让人更难忘。

每个人的承担苦难的能力不同，唯有经过磨炼的生命，才能迸发出蓬勃的生命力，也唯有历经风风雨雨的人，才知道生命的难能可贵。

安逸容易使人失去奋斗目标，只懂得享受。安逸是意志的腐蚀剂，它会涣散最坚强的人的斗志，安逸能熄灭创造的火花。安逸会让纯洁的心灵沾上污点。贪图安逸，贪图享受的人，其一生都只会庸庸碌碌，无所作为。

一些猎人从山中偷回来鹰蛋，孵化出来后和小鸡一起喂养，小鹰长大后，他们也尝试从屋顶上把它扔下来，让它试飞，但无论怎么训练，这些鹰都无法真正展翅飞翔。相传，鹰妈妈在小鹰的翅膀刚刚长成时，会抓住小鹰径直把它带到悬崖上，扔下万丈深渊。小鹰面对这一切，猝不及防，惊恐万分，本能地扇动翅膀拼命挣扎，就这样，它学会了飞翔。

　　我们在经受磨砺的时候，身心得到释放，反而是愉快的，接下来的是更令人快乐的心灵感受，并获得由这些快乐感受而带来的积极的与正面的思索。磨砺不会消沉人的意志，反而会让人获得最珍贵的人生经历与智慧，为人后来的干劲和冲劲打下良好的身体基础与心理基础。

　　孟子曰："生于忧患，死于安乐。"年轻人应当志存高远，应该敢于挑战困难，在困境中磨砺自己的意志，增长自己的才干。对于那些贪图安逸生活的人，成功只是一种幻想！

　　太舒适的环境就是最危险的地方。太习惯的生活方式，就是你最危险的生活方式。要不断创新，打破旧有的模式，而且要相信任何事都可以更加完善。

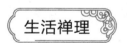

生活禅理

　　我想我们也应该要有这种思想，在任何时候，任何情况下都要保持清醒的头脑而不被蛊惑，那样我们的工作和生活才不会被安逸的生活所牵连。有些时候我们已在不知不觉中享受着安逸的生活，当某一天我们发现真相的时候，或许我们就会和那些沙子一样了，不知身在何处了。

第三章
如何安顿好心灵

　　每日的忙忙碌碌会让人们焦灼，生活的琐碎会让自己没有耐心，充满惶然。我们需要怀有一份虔诚安顿心灵，让已慢慢浑浊的灵魂渐渐青翠和轻盈一些。拥有安谧的心灵，再苦的日子，也会有美好和诗意。

　　世人寻找一个恒常的、可以肯定自我的心灵世界。安顿自己的心灵，比开创一个事业更需要想象力和开创性。安顿我们的心灵，就是要给自己一个生活的理由。你若无法充分地安顿自己，就会迷失方向。你若不花点心思去照顾你的心灵，时间都变得毫无深意，无从排遣。

　　你曾经审视过自己的内在世界吗？心灵有所归宿，有所安顿吗？它是不是充满着充实感、饱满感、温馨感与光明感，有着不折不扣、实实在在的安宁、平和、快乐与幸福？一个人重视自己内心的情感，梳理好自己的情绪，活出自己的本质，才能使自己的心灵安顿下来，精神找到归宿，享受一种生命的安宁、平和、快乐与幸福，实现一种自由的生命。

哪里有时间去生气

　　人生是短暂的，你还在为生活中不必要的事情耿耿于怀吗？为这些小事而浪费你的时间、耗费你的精力是不值得的。要学会"化干戈为玉帛"，只有这样，你才能长乐，才能在有限的生命里最大化你的价值。

　　我们最大的敌人就是自己，人们往往无法克制自己的情绪。事实上，许多时候生气已经成为一些人的一种习惯。但要真正改变自己，只有让莫生气成为生活的习惯。"莫生气"，实际上是在世俗生活的智慧、风度，一种精神力量。

　　有位妇人特别喜欢为一些琐碎的小事生气，于是，她求一位禅师为自己谈禅说理，开阔心胸。禅师听了她的讲述，一言不发地把她领到一座禅房中，落锁而去。妇人气得跳脚大骂。骂了许久，禅师也不理会。妇人又开始哀求，禅师仍置若罔闻。妇人终于沉默了。禅师来到门外，问她："你还生气吗？"妇人说："我只为我自己生气，我怎么会到这地方来受这份罪。""连自己都不原谅的人怎么能心如止水？"说完，禅师就离开了。过了一会儿，禅师又问她："还生气吗？""不生气了。"妇人说。禅师问："为什么？""气也没有办法呀。"妇人回答。"你的气并未消逝，还压在心里，爆发后将会更加剧烈。"禅师又离开了。禅师第三次来到门前，妇人告诉他："我不生气了，因为不值得气。"禅师笑着说："还知道值不值得，可见心中还有衡量，还是有气根。"当禅师的身影迎着夕阳立在门外时，妇人问禅师："大师，什么是气？"妇人终于省悟了。

气是用别人的过错来惩罚自己的蠢行。常言道："一个愤怒的人只会破口大骂，却看不见任何东西。"有人说，当感觉愤怒时人们会将愤怒转移到自己的身上，像计息的银行存款，这时愤怒就会成为日后痛苦的源泉，储藏库。日落如金，月亮如银，幸福和生活，尚且享受无尽，哪里还有时间生气啊？

都知道生气其实是用别人的错误惩罚自己，但在工作场所，还是有很多人用这种方式惩罚自己：下属犯了错，主管很生气，脾气暴躁，严厉批评，伤害的其实是他自己；上级官僚作风，下级很生气，感到郁闷憋屈，愤怒，伤心的还是他自己；同事间磕磕碰碰，一味愤怒，攻击对方，实际上伤害的是自己。错误应该受到惩罚，但没有必要通过生气来实现。因为错在他，你为什么生气？某人犯了一个错误，你生气了，这不是拿别人的错误来惩罚自己吗？这是为什么呢？生活应当是一种充满激情的体验，而不是忍受漫长艰难的一天。

学会不生气，建立一个正确的人生观，世界观和价值观，无论贫富，应该有一个正确的看法。遇事要宽宏大量，要有容人的气度。拿得起，不能为鸡毛蒜皮的小事而斤斤计较。要有"宰相肚里能撑船"的气度。看淡工作的提升或降职以及对自己的误解和嘲笑，接受朋友之间的批评，容忍他人的责难。这会让你感到舒服，消除烦闷。

充满爱意的粗茶淡饭胜过仇恨的山珍海味。如果我们对敌人的仇恨很深，就是给对方更大的权力来压倒我们，给他一个机会来控制我们的睡眠、食欲、血压、健康，甚至我们的心情。莎士比亚说："愤怒的仇恨将燃烧自己。"

有一个叫布莱德的人，每次生气和人争执的时候，就以最快的速度跑回家去，绕着自己的房子和土地跑三圈，然后坐在田地边喘气。

布莱德工作非常勤劳，他的房子越来越大，土地也越来越广……但不管房地有多大，只要与人争执生气时，他就会绕着房子和土地跑三圈。

"布莱德为何每次生气都绕着房子和土地跑三圈？"所有认识他的人心里都起了疑惑，但不管怎样问他，布莱德都不愿意说。

直到有一天，布莱德老了，他的房地已经太大了。他生了气，拄着拐杖艰难地绕着土地和房子，等他好不容易走完三圈，太阳都下山了。

布莱德独自坐在田边喘气，他的孙子在身边恳求他："爷爷，您已经年纪大了，这附近的人也没有任何人比你的土地更大了，您不能再像从前一样，一生气就绕着土地跑啊！您可不可以告诉我这个秘密，为什么您一生气就绕着土地跑上三圈呢？"

布莱德经不起孙子的恳求，终于说出隐藏多年的秘密。他说："年轻时，我一和人吵架，争论，生气，就绕着房地跑三圈，边跑边想：我的房子这么小，土地这么小，我哪有时间，哪有资格去跟人家生气呢？一想到这里，气就消了，于是就把所有的时间用来努力工作。"

孙子问道："爷爷，您年纪大了又变成富有的人，为什么还要绕着房地跑呢？"

布莱德笑着说："我现在还会生气，生气时绕着房地走三圈，边走边想：我的房子这么大，土地这么多，我又何必跟人家比呢？一想到这，气就消了。"

生气对我们的生活没有好处，去找到正确和合理的方式发泄，将时间放在重要的事情上，生命会更有意义。

生气是一把难以驾驭的刀，如果不正确地使用它，它可能会伤害到别人，所以，我们要选择在适当的时候使用它。愤怒像火，而心是灭火器或水，火灾发生时，我们应尽快遏制火焰，而不是让它继续蔓延。

生气也是短暂的发疯，随时会失掉缘分。当一个人情绪失控，感到愤怒，这是因为病毒正在扩大其范围，如果要摆脱这种病毒，那就不要以为什么都是别人的过错，也想想自己的错，也许这个病毒就不会感染到你了。

当长辈们做错事，我们不要用恶劣的态度对待他，因为他是我们的长辈。如果年轻人做错事，我们一定要让他知道什么是正确的，耐心告诉他错在哪里，他长大会逐渐知道。

如果把生气愤怒的表情写在脸上，其实是很糟糕的。因为这样只会让大家觉得你是个坏脾气的人，不好相处，所以人人都会对你避而远之。所以，我们都要把握好这把供自己使用的愤怒之刀。

生活禅理

　　人生充满着喜怒哀乐。种种生气的不愉快经历，时时会提醒自己：怒气会让人愚蠢，闲气会让人失神，怨气会让人灰心，坏脾气会害死一个人。要想不生气，就要时时注意心性的修炼，就要事事加强自我修养。其中，理性的思考，平和的心态，积极的自励，处世的心机，都是平息怒火、变生气为长志气的法宝，样样不能少。不生气是一种智慧，是一种境界，也是人生的极高修炼。

控制好你的情绪

　　如果你总是跟自己的坏情绪斤斤计较，并不断地任由坏情绪控制自己的行动，那么，你的一时冲动可能会造成终生悔恨。

　　控制自己是最难的，控制不好自己，可能就唯有灭亡。

　　一次，世界台球冠军争夺赛在美国纽约举行。刘易斯·福克斯的得分一路遥遥领先，只要再得几分便可稳拿冠军了。就在这个时候，他发现一只苍蝇落在主球上，他挥手将苍蝇赶走了。可是，当他俯身击球的时候，那只苍蝇又飞回到主球上来了，他在观众的笑声中再一次起身驱赶苍蝇。这只讨厌的苍蝇开始破坏他的情绪。而且更为糟糕的是，苍蝇好像是有意跟他作对，他一准备击球，它就又飞回到主球上来，引得周围的观众哈哈大笑。刘易斯·福克斯的情绪恶劣到了极点，终于失去理智，愤怒地用球杆去击打苍蝇，球杆碰动了主球，裁判判他击球，他因此失去了一轮机会。随后刘易斯·福克斯方寸大乱连连失误，而他的对手约翰·迪瑞则越战越勇，赶上并超过他，最后夺走了冠军桂冠。

　　一只小苍蝇，竟然击败了所向披靡的世界冠军！这本是一件不应该发生的事情。事实上，刘易斯·福克斯可以采取另一种方法，那就是：打你自己的球，不要理会苍蝇。当主球飞速奔向既定目标的时候，那只苍蝇还怎么站得住？它肯定会自己走开，飞得无影无踪。

　　我们倾向于用种种精神的刑具来伤害自己。我们常常会被各种无谓的愤怒所困扰，让自己生活在失控之中。愤怒可以摧毁人们的活力，削减人的精神，还会严重影响人们的工作。当一个人很紧张的时候，工作自然也无法达到最高效率。人的各种心理功能，只有在不受丝毫影响时才能发挥其最高的能力。被困在愤怒中的头脑中，往往不明确，不灵活的，不合逻辑的。脑细胞受烦闷的侵扰时，人们是无法集中精力思考的。脑细胞往往被血液冲洗，并从血液中摄取营养。因此，如果血液中常常混合着恐惧，焦虑，怨恨，忌妒和其他毒素，这些脑细胞的"原形质"将受到损害。因此，我们必须学会控制自己的情绪。

　　首先，我们必须学会自我控制。由于我们都是理性和感性相结合的人，对大小事物都去做理性的判断是不可能的。事情往往是情绪化的意识，这是人性中最真实的一面。因此，我们很容易因为别人的一句话、一个眼神而焦灼，甚至愤怒，悔恨之后才开始平静。

　　人们总是在意想不到的时候产生不愉快的想法。尤其重要的是不仅要学会如何排除不愉快的想法，但还必须学会如何使健康，积极的思维，正确的思想和想法占据大脑更多的空间。愉快的心情是理所当然的，而不去破坏这种情绪的责任在你自己身上。你想放松的时候，你的脑海里往往会有比平时更多的气馁。如果在一个平静无干扰的环境中躺着睡觉，你就往往会开始感到担心和忧虑，所有困惑与心事都积在心头。不管什么时候，只要心中气馁的思想和问题出现，就有必要采取措施。只有你可以控制你的思想。用"情感真空"删除负面因素。这样，你就可以开始盘算如何快乐起来，你才有时间感到高兴。谈论欢乐的时刻，憧憬未来的计划，为自己以回忆和现在体验到的快乐感到高兴。因此，在这些积极因素将产生积极的行动和情感。

　　要了解做情绪主人的重要性，很多人都知道要做情绪的主人这个道理，但总是遇到具体问题的时候就失控："实在是太难以控制自己的情绪。"这是一个严重的不良暗示，它真的可以摧毁你的意志，使你丧失战胜自我的决心。在逆境中要改变态度，用坚定的语气对自己说："我是能够走出情绪低谷的，现在让我来试试！"这时你的意志将被激活，走进一个新的世界，你会成为自己情绪的主人。输入自我控制的意识，是开始控制自己的关键一步。事实上，调整控制情绪，没有你想的那么难，只要掌握正确的做法就能很好地控制自己。在许多调整情绪的方法中，你可以先了解"情绪转移法"，即是避免负面刺激，将重点、精力和兴趣投入另一项活动，以减少自己的负面情绪的影响。"情绪转移法"的关键是情感传递采取及时、主动的做法，不要让自己沉迷在负面情绪太久了。现在就采取行动，你会发现自己的负面情绪也可以被彻底击败，只有你可以承担这项重要任务。

在20世纪60年代早期的美国，有一位很有才华、曾经做过大学校长的人，竞选美国中西部某州的议会议员。此人资历很高，又精明能干、博学多识，看起来很有希望赢得选举的胜利。但是，在选举的中期，有一个很小的谣言散布开来：三四年前，在该州首府举行的一次教育大会期间，他跟一位年轻女教师有那么一点暧昧的行为。这实在是一个弥天大谎，这位候选人对此感到非常愤怒，并尽力想要为自己辩解。由于按捺不住对这一恶毒谣言的怒火，在以后的每一次集会中，他都要站起来极力澄清事实，证明自己的清白。其实，大部分的选民根本没有听到过这件事，但是，现在人们却越来越相信有那么一回事，真是越抹越黑。公众们振振有词地反问："如果你真是无辜的，为什么要百般为自己狡辩呢？"如此火上加油，这位候选人的情绪变得更坏，也更加气急败坏、声嘶力竭地在各种场合为自己解释，谴责谣言的传播者。然而，这却更使人们对谣言信以为真。最悲哀的是，连他的太太也开始相信谣言，夫妻之间的亲密关系被破坏殆尽。最后他失败了，从此一蹶不振。

缺乏自我控制能力的人想必十分明白，你是生活在社会中的，为了更好地适应社会，取得事业上的成功，你就有必要控制自己的情绪情感，理智地、客观地处理问题。但是，控制并不等于压抑，积极的情感可以激励你进取上进，加强你与他人之间的交流与合作。如果你把自己的许多能量消耗在抑制自己的情感上，不仅容易患病，而且将没有足够的能量对外界做出强有力的反应。因而一个高情商的人应是一个能成熟的调控自己情绪情感的人。所以稳健的人总是善于捕捉机会，总是能够洞察先机，抓住机遇，努力拼搏。因为他始终有一颗稳定、清醒的心去面对一切。

生活禅理

黑暗的心情会在心底播下不良的种子，因此，还是要尽量以明朗的心情来努力比较好。无论做什么事，心烦意乱之下是难以有所作为的。为了去除烦恼，我们还得耐心一些，静下心来，正确地认识自己，冷静地把握机会，以长远的眼光选择适合自己的目标和道路。唯有如此，我们才能无愧于这个精彩的时代。

保持向上的雄心

事实上，要想做成有意义的事，都要忍受一时的痛苦。你必须熬过眼前的痛苦和恐怖，把目光放到未来。本来无所谓痛苦，而是我们自己觉得恐怖才会痛苦。想要获得长远的幸福和掌握未来，那么你就必须把眼光放长远，心态放平和。

任何人，无论情况多么糟糕，或先天条件多么恶劣，只要他保持着高昂的斗志，热情之火仍在燃烧，他就是有希望的，但如果他消极颓废，心如死灰，那么他的生命就已处于边缘，精神就会消失。

慧能大师带着几个徒弟乘船云游的时候，不幸遇上风暴。

一名弟子受命爬上高处调整风帆使它适应风向。在他向上爬的时候，他犯了个错误——低头向下看。颠簸不定的船和波涛汹涌的波浪使他非常恐惧，他失去了平衡。

正在这时，慧能大师在下面向他大喊："向上看！徒弟，向上看！"这个年轻的弟子按照师傅的话做了以后又重新获得了平衡。

事后，慧能大师告诫弟子们："当情况看起来很糟糕的时候，你应该看看你是否站错了方向。当你看着太阳的时候，你不会看见阴影。向后看只会让你失去信心，向上看让你充满自信。当前景不太光明的时候，试着向上看——那儿总是好的，你一定会获得成功。"

对于那些不愿平庸的人，始终保持向上发展的愿望和自我检查的习惯，始终保持高昂的士气，这是绝对必要的。你知道，一切都取决于我们的抱负。一旦它变得无力而苍白，生活的所有标准都会被降低。我们必须让灯塔永远照亮，照亮波光粼粼的海面。如果你没有注意听灵魂"努力向上"的号召，如果你不总是鞭策自己的进取心，如果你不锻炼自己的能力，通过有效的方法加强它们，那么它们很快就会萎缩死亡。

理想和抱负需要许多不同类型的营养物质，从而使之发扬光大，历久弥新。空的，不切实际的期望不具备任何意义。只有在坚强的意志，一往无前的决心、毅力、耐力的支持下，我们的理想和抱负才会实现。

仁者不忧，智者不惑，勇者不惧，我们必须要对未来有积极的态度，相信一个真实的美好的未来，这是一个积极的力量。当出现问题时，会影响人们的思维、判断力，会刺激人们的言行，会挫败人的勇气，使人不敢面对生活。例如，当你在工作中被老板批评，你心情低落；当别人误解你，你会感到愤怒和不满；当你失去了家人和朋友，你会非常难过；当你在事业上遇到不顺，你会抱怨别人，消极怠工。

当面对这些现象，这些反应都是正常的。但这些都要有个度，不然的话你会非常累，会活得不开心，不幸福。

在生活中，要学会以积极的态度面对人生。所谓积极，是一个宽容，开朗健康的心态。因为它使你高兴，它会促使你前进，它会使你忘记疲劳和焦虑。

积极和勇于克服困难，让你相信"方法总比困难多"，让你去领会"世上无难事，只要肯登攀"的道理。当你遇到不顺，积极的心态会使你拥有更理性的头脑，所以，不要绝望，而是应反思自己的做事方法、做人原则。

有进步的雄心，没有什么是不可能的，就看你怎么做，如何决定。"风萧萧兮易水寒，壮士一去兮不复还"，有时候你要全力以赴，孤注一掷。如果不去拼搏，也许你不会有失败的痛苦，但你永远不会领会凤凰涅槃、蝴蝶破茧的美丽。即使经过努力失败了，难道就没有它的悲剧美？遇到机会，我相信自己能把握住。不要过于犹豫，要果断作出决定，当你还在犹豫不决，当你还在担心自己的能力时，许多机遇可能已经溜走了。许多事情做了才会了解自己是不是真的适合。先抓住机遇，然后再去锻炼。不能一开始就退缩，自信和气势有时可以使你的能力增三分。

让我们在阳光灿烂的日子，开心地唱着歌；在繁花盛开的一天，遨游在知识的海洋，共同编织一个梦；在梅雨季节用情绪的音符，谱写青春乐章！即使在荆棘的前面，我们也将持之以恒。学海广阔，我们需要做勇敢的水手，乘着风和海浪，赶赴美好的未来。青年需要知识滋养。让我们使生活的每一天都走向成功的彼岸。不再为落叶悲伤，不再为春雨流泪。如果丧失了热情，那么即使是青年，也如同弥留的老人，灵魂起皱，丧失对生活的热情。因此，我们要用智慧和勇气，乘着理想的风帆，用青春和生命奏响时代的强音。当我们放弃了混乱，掌握了方向，当我们一起努力，人生的激扬乐章终将奏响！

生活禅理

人总是在现实和天真中矛盾着，成长着。堕入红尘，你有时会发现，现实除了残酷以外，也很美。当我们遇到困难时，不要胆怯，保持向上的姿态，或许你会输给这困难，却赢得了自己。生活就是这样以它独特的方式引领着你前进，让你体验人生百味。

遗失的珍宝

翠绿满枝的叶子是大树的资本，雄壮伟岸是大山的资本，浩渺无垠是大海的资本，而人的资本就是自信，它是你的宝。所以不要看轻自己的价值，不要害怕犯错，只要掌握了自信的原则，你就可以创造属于你自己的故事。

自信，是一个人的性格、气质和生活的最基本原则和基础。自信的人将有自尊；而有自信、自尊的人，将会积极进取，将维护自己的声誉，珍惜自己的生命。自信的人能正确地估计自己在生活中的位置，而且能够找到自己想要的幸福，使生活变得充实，所以往往会成功。

古时候，有一位智勇双全的将军，他在率军对敌的时候，双方兵力悬殊，将军的全部人马只及对方十分之一，因此，众将士有点信心不足。将军就到一座庙里求神问卜，然后，他取出一枚铜钱，当着众将士说："胜负在天，让神灵决定我们的命运吧！如果铜钱落地后正面朝上，神将保佑我们战无不胜；如正面朝下，是神让我们失败，我们只有听天由命。"说着，将军向上一抛，铜钱落地，正面朝上，顿时全军欣然，接着将军又抛了一次，还是正面朝上。这样，将士们欢腾雀跃，士气大振。最后，他们在这场战争中获得全胜。凯旋后，将士们纷纷提出要感谢神灵，这时，将军才拿出铜钱让大家看，原来，这枚铜钱的两面都是正面，所有的将士这时候才恍然大悟，真正保佑他们胜利的，其实不是神灵，而是他们自己的信心。

要获得自信，我们必须首先要学会控制自己的情绪，培养较强的自我控制力。因为只有拥有智慧和坚强的意志的人才可以在任何时间都明确自己的选择，他们知道自己的原则。自信，我们必须学会积极向上，只有积极向上，才能对抗别人的反抗。只有积极向上，才可以加强自身修养，只有积极向上，才有足够的智慧来维护自己的尊严。

自信是一种感觉。世上没有绝对的标准，如果对自己有很好的理解，就可以客观地评估自己的能力，毫不迟疑地欣赏自己的长处，直面自己的缺点；就可以通过主动学习，发展自己；和其他人的关系就会变得和谐。一个人的成长和成功，常常是一种感觉。这种感觉引导你的判断。一个正确的判断，不仅决定你的成功或失败，更重要的，是为你引导正确的方向。你内心的自信也是一个标准。对成功过于强调，总是试图证明自己，其实是不自信。一个真正自信的人，他们的意见将非常明确，但也可以在任何时候改变他们的意见。自信就是我们对自己的成长能力抱有信心。但我们总是怕这怕那。其实，最恐惧的，是恐惧本身。你如果仔细发掘，你会发现自信不是天生的，自信可以加以培育。然而，人们总是梦想不付出代价就获得自信，就像他们总是梦想没有劳动就想获得财富一样。

罗杰·罗尔斯是纽约历史上第一位黑人州长。他出生在声名狼藉的大沙头贫民窟，这里的孩子成天无所事事，东游西逛，旷课斗殴，罗杰·罗尔斯就是其中的一位。但是，小学时期的一位叫皮尔·保罗的校长改变了他的命运。有一天当罗杰·罗尔斯从窗户上跳上跳下的时候，校长皮尔·保罗说："我一看你修长的小手指，就知道你将来是纽约州的州长。"罗杰·罗尔斯大吃一惊，因为长这么大，只有他奶奶让他振奋过一次，说他可以成为五吨重的小船的船长。他记下了这句话，并且相信了它。从那天起，纽约州州长成了他心中的一面旗帜。他的衣服不再沾满泥土，他说话也不再夹杂污言秽语，他开始挺直腰杆走路，他成了班主席。51岁那年，他真的成了州长。他在就职演说时说："在这个世界上，自信这个东西任何人都可以免费获得，所有的成功者都是从一个小小的自信开始的。"

这种感觉使最终实现梦想，在人生道路上无目的地追寻的人看不到出路。但你应该永远相信自己，不气馁，不泄气。要知道自信是基于对自己的价值观的深刻理解之上，而不是建立在成功之上，因为没有人能够只成功，不失败。你不要看到今天的例子就认为罗杰·罗尔斯的自信来源于成就感，恰恰相反，他的自信才是为未来的成功奠定基础的关键。自信是基于一种自我意识。当我知道我可以做任何事情，我的信心是基于理性的判断，而不是感性的自我膨胀。如果你不自觉，高估了自己的能力，那么你每一次的失败都会给自己一个很大的损害。自信需要一个渐进的过程。

提高认识自我的能力，从建立信心开始。"认识自我"像千年不熄的火炬，是人类与生俱来的内在要求，表达了人们对于自我的永不满足。尼采曾经说过："只要聪明的人认识自己，就不会失去任何东西。"自我认识、自我的信心是我们每个人成功的基础。即使你处境不利，遇事不顺，但如果你仍然具有自信的巨大潜力和独特的个性，你可以相信：我能行，我能成功。一个人在自己的生活经历中，在自己所处的社会境遇中，能否真正认识自我、肯定自我，如何去塑造自我形象，如何把握自我发展，如何抉择积极或消极的自我意识在很大程度上影响或决定着一个人的前途和命运。

　　然而相信自己很难。或者说，自信心是一种很大的力量。当自信的力量还没有达到与恶习对抗，以及与命运对抗的程度时，只会自卑。自卑，常常是自我保护得很好的方式，它会使心平静下来，也能免去很多的麻烦。但自卑总有一天会惹恼你自己。因为内心深处的尊严从一开始就不与自卑妥协。当自卑与自尊在潜意识里打得不可开交的时候，人会突然变得无所适从，原来由自卑收拾的一小片田地变得十分狼狈。不如用自信来爱护自己。自信是预先在心里塑造一个新我，然后观察新我的成长。而新我的每一点点成长，又会反过来生成自信。自信当然不是傲慢无礼。在这个世界上。只有傻瓜才傲慢无礼。在任何富有成就感的事物当中，你都看不到傲慢无礼，麦子傲慢吗？河流与村庄傲慢吗？不。在一些优秀者当中，你看不到傲慢，林肯、孔子、爱因斯坦都由于谦逊而可爱。自信仅仅是相信自己。相信自己是相信人的力量，包括相信自己具备人类应有的美德。"信心"这个词里面藏有禅机，信心就是相信自己的心。如果你相信自己的心，一切都会安稳下来。剩下的，是该做的事。如此说，人的一生其实很简单。

　　我们要学会自我珍重，而不是自恋和自卑，是自我强健、自我期待，我们要学会自己约束自己和矫正自己。当独自一人走在人生之旅中，没有人来称赞和鼓励我们的时候，我们只有自己给自己献上一束鲜花，只有打起自信的旗帜，不要让自卑侵袭，才能满怀信心、坚定不移地走过人生的四季。

 **生活禅理**

　　拥有自信，才能朝着前进的目标风雨兼程，努力跋涉！拥有自信，才能在一次次的跌倒后重新爬起，给生活一个灿烂而坚定的微笑！拥有自信，你的心会永远感受着雨露的滋润和阳光的普照！拥有自信，才能把你的人生历程定格为一道不变的风景！

生活咸淡皆有味

　　咸、淡，看似是两种极端，但正是这两极极端，演变出人生百态。

　　淡，乍一品来，似乎无色无味，细细品味之后，方能悟出其色彩斑斓、味道浓醇之深韵。面对利益的蛊惑，目不斜视，昂首直行，这便是淡。人生之淡，不是力不能及之后的无奈，不是心满意足之后的自赏，更不是碌碌无为的哀叹。咸，是每一个吃咸菜的人的第一感觉，可是继续品味，一种浓得化不开的甘甜又在口中漫去。咸，是豪迈的象征，是追求精彩人生的辉煌。生命本是一个不断突破与提升的珍贵历程，我们要活出生命的激情，在人生的咸爽中磨砺自我，执掌生命之帆。

　　由艺术家入佛的弘一大师，把佛道修行和艺术生活集合起来，更显出他的人生境界。有一天，著名教育家夏丏尊先生前来拜访，吃饭时，只见他吃一道咸菜，夏先生不忍心地说："难道你不嫌这咸菜太咸吗？"

弘一大师回答说："咸有咸的味道！"

过一会儿，弘一大师吃完后，手里端着一杯白开水，夏先生又皱皱眉头道："没有茶叶吗？怎么每天都喝这平淡的白开水？"

弘一大师又笑一笑说："开水虽淡，但淡也有淡的味道。"

不是每个人都能像弘一法师那样把生活与修行如此完美统一起来，不以物喜不以物悲，能在烦琐的日常生活中咀嚼出生活的滋味，能够以欢愉的心情看出生活的本来面目，这种高远境界，宛如天上的明月，空灵皎洁。人生遭遇，每个人都不同，离合、悲欢，因情而生，却不会因情而灭。诸事俱疏，心境难舍，清静似水，恬淡自如。咸淡是一个安静的乐观的生活态度。人生咸淡，有时生活可以被看做是一个辉煌的淡出，从庸俗到雅致，由在俗时的绚烂到脱俗后的平淡，是需要修心的。如果效果不错，那么就是升华，所谓的大智若愚的精神境界；坏的结果就是自卑，抑郁。清逸的心不能泯灭个性，是禅宗的迹化，是"大我"的永恒境界，宗教是"平淡之美"的最极致表达；浮躁情绪张狂自己的个性，"狂来轻世界，醉里得真知"，这是艺术家的气质和浪漫。

温斯顿·丘吉尔曾是一个政治家。但当年他从权力的顶峰落下，疼痛就像一个人从高处落下。幸运的是，丘吉尔有机会学习绘画，他每天的功课就是画画。他的绘画技术的进步神速，他本人对绘画欲罢不能。对绘画的热情使他忘记了政治损失，他感到了快乐，充实。50年后，他的一些作品公布于众。英国一位名叫约翰·菜沃里的宫廷画师对他的画赞不绝口。他说："如果他当初投身绘画而不是从政，我相信他一定会成为一位伟大的画家。"

生活是不断变化的。孤独的人看到了繁华和反复，或张狂，或消沉。为什么叹息？是因为人们往往拗不过弯，他们总是想留在最高峰，却不知道，有时停留在山顶上时间久了，辉煌会转于暗淡。在白雪皑皑的山上停留久了，就意味着死亡！

人生种种，原来就是苦辣酸甜皆有；苦中有甜，甜中有苦，咸淡相依，甘苦共存；咸淡总要调和；况且如果没有品尝过苦涩的滋味，又如何能知道香甜的可贵？

常言道：景由心生，境由心造。因此，在面对生活的不健全时，不应挂碍，那么就会生活得自在些；抑制不合理需求，做到这一点就会更宁静；多一点宽容，你也多了一些转圜余地。人生在世，有很多无可奈何。努力了，也就安心了。对生活不能太挑剔，生活赐予你的东西要静心接受。生活的咸淡很不好把握，有时咸，有时淡，你吃它，就不要理会咸淡，有意见就只能饿肚子。

然而，咸淡皆宜，并不是简单地随遇而安、不图进取：遇到咸就品尝咸，遇到淡就品尝淡。丰子恺先生曾评价弘一法师："当教员，是个好老师；做名士，是个真名士……做一样，像一样。"丘吉尔学绘画也是才华出众，悦己宜人。这是因为他们做一切事都心无旁骛、认真投入的缘故。试问：一个嫌苦怕咸、心存挂碍的人，能有如此境界吗？

满足是由淡到浓的思念，聪明的人藏在心底，不起波澜。他用平静的人生态度连接着起点和终点。因为淡然，所以更容易放弃，从而更容易得到。对比得到的，别嫌咸，也别嫌淡，要知道：生活本如此，咸淡两由之。

咸淡是陶渊明辞官归田园的戴月荷锄的自由，是辛弃疾闲来观看幼子弄莲的自在。咸有咸的味道，淡有淡的芬芳。富有富的优越，贫有贫的快乐。人生咸淡两由之，从容处事，乐观对人。何愁细细薄雾遮白日，尽享万里无云万里天。

咸淡之感，来源于口中却发源于人的内心，如果因为菜咸了或者淡了而放弃一桌的美味，岂不是有愧于自己的胃，生活亦是如此。因为山川挡道，于是我们选择停滞；因为日月交替，于是我们困于回忆。那么我们的生活旅途岂不是变得苍白乏味，毫无新奇？这就如同下棋，如果不是经过一场奋斗而下成的棋绝不会是盘好棋。活在乾坤之中，天气也会有阴晴之别，何况漫长的几十年人生之旅呢？人生必有咸淡，面对咸淡人生我们当何去何从？

咸淡皆有味，安于平庸拥有淡泊之心，勇于争先，拥有奋斗之意，看庭前花开花落，享受属于自己的内心生活；观看云卷云舒，适应万事万物的变幻莫测。咸淡中，我们品出人生真谛，咸淡中我们走出自己的生活之路。

生活禅理

咸、淡，一个是笑谈渴饮匈奴血，一个是披一件蓑衣挡一川烟雨，一个炽烈，一个平静。舌头不是一把尺子，可以硬生生地区分开咸与淡；

人生之路的曲折多变，不是任何一位行路者可以想象的，手握咸与淡，才能更好地应对每一次挑战。其实，咸有咸的滋味，淡有淡的美妙，没有必要舍弃哪一个，只有真正品出咸淡的人，才能在人生路上找准自己的目的地。

欲望的浮云

这个世界并不是我们的，我们只拥有其中很小很小的一部分，而且还要付出足够大的代价才能拥有。人的一生，实际上是满足和克制各种欲望的过程。欲望有好与坏之分，好的欲望能让我们善用青春、生命、恩泽，坏的欲望则使人颠倒人生，丧失自我，沉溺于疯狂和自我毁灭中。

人被欲望控制着，人是欲望的奴隶。中国道家思想的创始人老子在《道德经》中，把这种欲望叫做"道"，称它是"天地之始，万物之母"，是主宰一切人类活动的本源。

有一座寺院，因为地处偏远，香火一直非常冷清。

原来的住持圆寂后，一位法师来到寺院做新住持。初来乍到，他绕着寺院四周巡视，发现寺院周围的山坡上到处长着灌木。那些灌木呈原生态生长，树形恣肆而张扬，看上去随心所欲，杂乱无章。他找来一把园林修剪用的剪子,不时去修剪一棵灌木。半年过去了,那棵灌木被修剪成一个半球形状。

僧侣们不知住持意欲何为。问索提那克,法师却笑而不答。

这天,寺院来了一个不速之客。来人衣衫光鲜,器宇不凡。法师接待了他。寒暄,让座,奉茶。对方说自己路过此地,汽车抛锚了,司机现在修车,他进寺院来看看。

法师陪来客四处转悠。行走间,客人向法师请教了一个问题:"人怎样才能清除掉自己的欲望?"

法师微微一笑,折身进内室拿来那把剪子,对客人说:"施主,请随我来!"

他把来客带到寺院外的山坡。客人看到了满山的灌木,也看到了法师修剪成型的那棵。

法师把剪子交给客人,说道:"您只要能经常像我这样反复修剪一棵树,您的欲望就会消除。"

客人疑惑地接过剪子,走向一丛灌木,咔嚓咔嚓地剪了起来。

一壶茶的工夫过去了,法师问他感觉如何。客人笑笑:"感觉身体倒是舒展轻松了许多,可是日常堵塞心头的那些欲望好像并没有放下。"

法师颔首说道:"刚开始是这样的。经常修剪,就好了。"

来客走的时候,跟法师约定他10天后再来。

法师不知道,来客是当时最享有盛名的娱乐大亨,近来他遇到了以前从未经历过的生意上的难题。

10天后,大亨来了;16天后,大亨又来了……三个月过去了,大亨已经将那棵灌木修剪成了一只初具轮廓的鸟。法师问他,现在是否懂得如何消除欲望。大亨面带愧色地回答说，可能是我太愚钝，眼下每次修剪的时候，能够气定神闲，心无挂碍。可是，从您这里离开，回到我的生活圈子之后，我的所有欲望依然像往常那样冒出来。

法师笑而不言。

当大亨的鸟完全成型之后，法师又向他问了同样的问题，他的回答依旧。

这次，法师对大亨说："施主，你知道为什么当初我建议你来修剪灌木吗？我只是希望你每次修剪前，都能发现，原来剪去的部分，又会重新长出来。这就像我们的欲望，你别指望完全消除。我们能做的，就是尽力把它修剪得更美观。放任欲望，它就会像这满坡疯长的灌木，丑陋不堪。但是，经常修剪，就能成为一道悦目的风景。对于名利，只要取之有道，用之有道，利己惠人，它就不应该被看做是心灵的枷锁。"

大亨恍然。

人生的幸福就是在这个充满了欲望的世界中去追寻最大程度的物资享受，没有一个人希望这个追求边缘化，因为任何人都不希望他们的追求永远束缚在围栏之中，哪怕这个围栏大得足以与天涯海角相媲美，他们也要去不断地追求。欲望之心，永远不会让人们在现实生活之中驻足。

欲望是每一个活在世上的人的统治者，任何人不可能摆脱欲望的统治而生活，但当你能够面对欲望的统治之时，不屈不挠，保持一个清醒的头脑，把握好属于你的那一份生活，慢慢地经营，细细地雕琢，在精雕细琢之中，靠自己的努力，不断去完善属于你的生活，那么，你就是幸福的统治者。

欲望是不知疲倦的，你永远不能达到欲望的尽头。这从你的不断出现的不同愿望就可以看出。因此，欲望永无最终的时刻。达到欲望的路上布满荆棘的障碍，就这样永远持续不断。人们实现的愿望的能力始终低于欲望诱惑的能力，这就意味着痛苦。欲望可以导致人为喜爱的事情探索，甚至牺牲自己的青春和生命，欲望可以让人们疯狂，忘乎所以，甚至颠倒生活。

　　世人心灵得不到安宁，就因为放纵了欲望。明末清初有一本书叫《解人颐》，对欲望作了入木三分的描述："终日奔波只为饥，方才一饱便思衣，衣食两般皆俱足，又想娇容美貌妻。娶得美妻生下子，恨无田地少根基，买到田园多广阔，出入无船少马骑。槽头拴了骡和马，叹无官职被人欺。当了县丞嫌官小，又要朝中挂紫衣。若要世人心里足，除是南柯一梦西。"可见，俗语所说"人心不足蛇吞象"，确实是至理名言。人如果不能控制自己的欲望，就会成为欲望的奴隶，甚至丧失自我，被淹没在欲望里。

　　当前的世界，物欲横流，一定要记住，不要让欲望主宰了你原本清晰的头脑，只有懂得珍惜，懂得把握，懂得适可而止，你才不会让一时的欲望之火焚烧了你一生的幸福。

　　对于一个穷困潦倒、整天缺衣少吃的人而言，他最大的愿望可能是填饱肚子，然而对于一个富贵者，他绝对不担心温饱，他会利用社会的天平，以欲望做砝码，称自己生活的质量。不属于自己的，常常想要得到。欲望是天生的，它也是人类生存的基础，但人们的欲望不可不受限制，否则，人们会盲目地沉迷于欲望之海，无法自拔。

　　如果你可以很好地控制你的欲望，你将拥有驾驭一切的威力，并将处处成功，成为超出一般的人。那么，如何驾驭人类的欲望，从而创造奇迹与辉煌呢？老子告诉我们说："无为而治"，"道法自然"。老子的思想是囊括宇宙，博大精深的。他的思想对人驾驭自身欲望的过程中，可以起到指导作用。如果你要说服别人，引导他们的行动，一定不要强迫别人，你一定要深刻地洞悉对方内心的欲求，顺势而为，这就是所谓的"无为而治"，"道法自然"，这样方能百战百胜，制敌于无形。老子的三宝"慈"、"俭"、"不敢为天下先"都是克制自己欲望得很好的方法。"慈"，就是慈悲、慈爱，这能使人产生好感；"俭"，就是节俭、勤俭，这不仅可以自律，又能给人以一些物质的帮助，别人当然会尊重、感激你；"不敢为天下先"，反过来就是以别人为先，这能让人获得被尊重的感觉。如此一来，别人对你会产生好感，会尊重、感激你，你自然可以获得人心，以至于"可驭天下"。

生活禅理

　　如果一个人任由欲望的本能和激情来支配自己，那么他极易丧失道德上的行动能力和良心的自由，他就会沦为强烈的个人欲望的奴隶。人类只有抵制本能的冲动，正确利用自己的欲望，才能把握自我发展的主动权。

第四章

佛陀般的快乐心情

　　快乐是自己的事情，只要愿意，你可以随时调换手中的遥控器，将心灵调整到快乐频道。快乐，对于这个词，很多人有不同的理解，一些人说玩耍就很快乐，一些人说学习很快乐，一些人觉得快乐则是将自己的时间安排好。人的目标不同，快乐的定义也就不同。例如饥饿的人解决了温饱，他就会感到很幸福、很快乐，有的人成了成功人士会觉得很快乐，因为目的达到了。当你的理想实现了，你也会感到很快乐很骄傲。然而快乐也不是没有烦恼，每个人都有烦恼，但并非人人都不快乐。快乐也不依赖钱财，有些人只有很少的钱，但一样快乐。也有些人身家丰厚，但也不见得笑口常开。人们能否一生都保持快乐，愉快地生活呢？古人云：富贵而劳悴，不若安闲之贫贱，贫贱而骄傲，不若谦恭之富贵。富贵贫贱，关键是要有生活质量，劳神伤身的富贵不如没钱而有快乐的贫贱生活，贫而知进取、知图强，这也是一种财富。人做事要豁达、潇洒，不拘泥于小节，不执着某一件事，才会多乐少忧。总之，无论贫富，人要有好的生活方式，良性循环下去，才会永久快乐！

你的心还在别处吗

我们此刻坐在这里，人在这里，心在这里吗？

禅学中有一个很重要的概念——当下：安心地活在当下就会很自在，心里没有任何挂念，心只在这里，没有飘向远方。

人生之所以有太多不如意，就是因为很多人没有办法面对当下。我们的心，或者停留在过去，沉浸在对过去的回忆中；或者在展望未来，陷入对未来的恐慌中，让自己的生命活在过去或者未来，让自己陷入虚幻的世界。很多人在自己的工作岗位上一边做自己的事情，一边心里记挂着别的事，导致自己身心不一，因此没有办法专注地处理自己的事务。他的精力和心灵被分裂成两块甚至更多块，所以感到很累、很疲惫。

如果老是想自己以后会成为什么，变得怎么样，那他的心就不在现在而在别处了，把自己置于梦幻的世界里。这个梦的世界虽然非常美丽，但它是瞬间即逝，一碰就破的。人如果老是希望处身于梦里，不仅会精神恍惚、神不守舍，而且会紧张、神经质，容易疲劳且健忘。

很多人对当下概念的理解是错误的，认为佛教中所说的当下就是不去规划，放弃一切。其实，珍视当下是要人们学会专心地扮演好当前角色，即专心于当前的人物和事件上。只有专注才有效率，没有私心杂念，才会摆脱烦恼，获得成功。这也正是弥勒佛的智慧和快乐：该提起就提起，该放下就放下。只有学会专心，才能拥有快乐的人生。

一个小和尚要出门远游，但日期一推再推，已经过了半年了，还迟迟不肯动身。

方丈问他："你出门云游，为什么还不动身呢？"

小和尚说出了自己的忧虑："我这次云游，一去万里，不知要蹚过几千条河，翻过几千座山，历经多少场风雨。所以，我需要好好地准备准备啊。"

方丈听了，沉吟了一会儿，点了点头："这么远的路，是需要好好地准备准备。你的芒鞋备足了吗？一去万里，道路迢迢，鞋不备足怎么行呢？"

于是，方丈吩咐寺里的僧人，每个人帮小和尚准备十双芒鞋。寺中有上百名僧人，很快就送来了上千双芒鞋，像小山一样堆在小和尚面前。

此时，方丈又吩咐大家说："你们这师弟远去，一路上不知要经历多少场风雨，大家每人替他准备一把伞来。"不一会儿，寺里的僧人便又送来了上百把伞，堆放在小和尚的面前。

看到如此多的芒鞋和雨伞，小和尚十分不解："方丈，徒儿一个人外出云游，要带上这么多的东西，别说是几万里，就是寸步也难行啊！"

方丈微微一笑："别急，你这一去，山万重，水千条，没船又如何到达彼岸呢？待老衲吩咐众人，要每人给你打造一条船来。"

小和尚听闻此言，慌忙跪下："方丈，徒弟知道您的用心了。徒儿马上就上路！"

一个人去四海远游，只有一鞋一钵就足够了，拿的东西太多，你就走不动了。

人生在世，其实也是一次云游。你心里装的东西太多，又怎么能够走得远呢？轻装上阵才可致远，心里清净方能行久。

你的人生，准备如何去走呢？

关注未来是一种妄想，纠缠过去是一种迷恋。关注于当下才是一种健康的情感，健康的心智。把心放在当下，如果在吃饭，那就一心吃饭，品尝美好的味道；如果在读书，那就一心一意读书，理解书中的深刻含义；如果你在行走，那就一心一意地看着路向前走，迈好每一个步伐；如果你在睡觉，那就一心一意、心无杂念地睡觉，一觉睡到天亮。一整天时间，让你的心都安心地住在生活之中的每一个当下。心无旁骛，心无二用，这就是专注于当下。"守一不移"，方能够"心地光明朗照"。

有些人总是很焦虑，担心自己的既定目标达成了没有，考试准备好了没有，上了好学校了没有，自己能否有份稳定、令人称羡的工作，是不是该找个男友很稳定地交往，能不能顺利地结婚生子、买房买车……一个人永远为着未来，而且不知道是在为自己还是他人而活着、努力着。过去的我，也经常在懊恼甚至自责着已经发生过的事：如果当初那样做就好了，自己是否又再重复着同样的模式呢？……不确定自己能不能从一些挫折、经验中获得经验，倒是花了许多时间为过去而伤感，沉浸在极苦闷的情绪之中。"专注当下"对我自己而言，是一种接受，全然地接受每一个当下；接受当下，是对当下的自己负责；是一个积极的心态，不管怎样，去做去感受；是一种舒服安适的状态，能够无论在何时何地，全然安心。

不活在当下而活在另一个自己想象的世界里，即使那个世界再美好，处在这种生活的人也是痛苦的。依照佛法看来道理很明显，是因为那个世界"不真"。不真就会处处和现实的世界以及人生相冲突。但是如何跨越梦与现实的鸿沟，没有几个人能处理得很圆满。而要用自己的"心"去维持一个不真实的世界，根本就是一件很累的事。所以执着地活在空想世界的人，是很容易忧烦恐惧的！

的确，活在当下是一个人生命力的体现。当一个人能够从自己"心之世界"中走出来，坦然地面对生活并审视真正的自我时，他一定会是个有"能力"而能在这个世界生活得很好的人。他不一定能够成大功、立大业，但他一定能很好地把自己的潜力挖掘出来，发挥自己的能力，做个快乐的人。

生活禅理

要学会去深观自己的行为及身心，由自己的内心世界中走出来。切不可把身心放在无休止的幻想的束缚中，认真地活在现在的生活中才是正道。

营造快乐的心境

快乐的人生才是成功的人生。拥有快乐的心情会感到活着是美好的，但只有理解了快乐的真谛，才可能真正快乐起来。

快乐是来自内心深处的情感，是一个美好的感受。庄子认为人生应该是不受外物影响的，没有欲望，生命真正的快乐是来自内心的，不受外物所影响。

一般来说，有两种幸福，一个是物质的乐趣，一个是心灵的喜悦。有些人喜欢物质生活的乐趣，将这些作为快乐。为了获得这种快乐，他们蝇营狗苟地生活，徒增许多烦恼，失去了真正的幸福。感官的乐趣是虚幻的简称，是一种生活的腐败。

物质上的满足不能带来真正的幸福。有些人追求的是纯洁清新的生活，他们虽然并不富裕，但很知足，过着节俭的日子，享受着宁静的小快乐，简单而又质朴。这是一种生活方式，是真正的幸福，是值得追求的目标。

有一个商人坐在海边一个小渔村的码头上，看着一个渔夫划着一只小船靠岸。小船上有好几条大黄鱼，这个商人对渔夫能抓这么鲜美的鱼而感到惊讶，问要多少时间才能抓这么多鱼。渔夫说，才一会儿工夫就抓到了。商人惊奇地问："你为什么不待久一点，好多抓一些鱼？"那渔夫却笑着回答说："这些鱼已经足够我们一家人生活所需了！"

于是，商人又问："那么你剩余的时间都在干什么？"渔夫告诉他："我每天睡到自然醒，出海抓几条鱼，回来后跟孩子们玩一玩，再懒懒的睡个午觉，黄昏时晃到村子里喝点小酒，跟哥们玩玩吉他，我的日子过得可是快乐又忙碌呢！"

商人以他的思维帮他出主意说："我是企业管理硕士，我认为，你应该每天多花一些时间抓鱼，到时候你就有钱去买条大一点的船。等有了大船后，你自然就能够抓更多的鱼，再买更多渔船。然后你就可以拥有一个船队。到时候你就能够控制整个生产、加工处理和行销的过程。那时你可以不再待在这个小渔村，搬到城里，然后到纽约。在那里经营你不断扩大的企业。"渔夫问："这要花多长时间呢？"商人回答："15到20年。"

"然后呢？"

商人得意地说："然后你就可以在家快活啦！等时机一到，你就可以宣布股票上市，把你公司的股份卖给投资大众。到时候你就有数不完的钱！"

"然后呢？"

商人说："到那个时候你就可以享受生活啦！你可以搬到海边的小渔村去住。每天睡到自然醒，出海随便抓几条鱼，跟孩子们玩一玩，再跟老婆睡个午觉，黄昏时，晃到村子里喝点小酒，跟哥们儿玩玩吉他！"渔夫疑惑地说："那与我现在有什么两样吗？"

生命在于你用什么样的心情去欣赏。享受人生，人们可以接受，但如果说人生只是为了享受，那么许多人都会持反对意见。毫无疑问，"贡献"是古代和现代都推崇的高尚美德，如果每个人都是自私的，社会将失去生气。但不可否认的是：任何具有奉献精神的人，都会有意无意地期待什么东西，有时只是一句赞美，一个微笑，或者给人一个良好的印象。没有 100% 的完全奉献，在奉献之中的人其实也在享受！

说起享受人生，最兴奋的就是那些慵懒和好逸恶劳之徒，他们以为自己的生活方式是最好的。其实，他们享受的是最低级的人生，是一种最不值一提的生活方式。享受人生可以分许多种，好逸恶劳、无所事事则是最不足取的，这种享受仅仅是得到了暂时性的生理、心理满足，就像吃喝嫖赌，应该遭到鄙视。

每个人对"享受"都有不同的追求。从婴幼儿期，人们就不断争取享受。婴儿追求本能的享受，如甘甜的牛奶，温暖的怀抱，舒适的环境；进入童年的乐趣就是吃零食；长大了，开始为生活而奔波，要取得成功，有性欲，要欣赏美好的东西；到老年则把注意力转移到退休金，以及家庭幸福。每个阶段都有不同的追求和享受，而且由于每一个人的性格、环境不同，会使人们有不同的享受对象。

从人类健康来看，消极情绪影响人的健康，一般而言，快乐、有爱心都是积极的情绪，可以增进人的健康；而愤怒、悲伤、厌烦等都是消极的情绪，不利于人的身体与精神健康。这就是为什么在古代中国的思想家、医学家、养生家都提倡喜、乐、爱的原因。

让我们一起努力，享受生活和生命的丰富多彩。人生就是享受的过程，我们在做任何一件事情的时候，如果都能想到可以获得乐趣，那么我们将更加热情地去做它。这样，我们可以从每一件小事开始享受生活。

生活禅理

快乐不是由别人带给你的，而是源于我们自己的心境。它同烦恼一样存在于我们的心中，由你自己来支配，你是快乐还是烦恼，全由你自己做主。所以当我们遭遇到困难时，我们应该想想更糟糕的情况，我们会发现自己还是幸运的，我们要为此快乐；当我们失去一些东西时，我们应该想到留下的东西还是多于失去的，想到这些我们仍应该快乐！敞开你的心扉，让快乐成为一棵参天大树。快乐其实就在你的身边，让我们每天都快乐工作，快乐生活吧。

信己与信人之美丽

信任是人与人沟通的必要条件，人生之幸，莫过于被人信任；人生之憾，莫过于失信别人。

曾经有一位破产的年轻人因为口渴，来到一座寺庙之中。他看到寺中唯一的老和尚那双空洞的眼睛后，便断定他是一位盲人。喝完水后，年轻人发现了老和尚收在盒子中的金佛，便将它慌忙揣进怀里，转头往外走。

这时，老和尚拉住他，并诚恳地指点着："抽屉里有几个苹果，待会儿你拿些路上吃吧。"

这句话让年轻人无所适从，不由退回来诧异地问："老人家，你对我这么信任，难道你不怕我是个坏人吗？"

老和尚呵呵笑了起来："年轻人，对别人的好坏是不可妄下断语的。可以先假定他是一个好人，那么即使他再坏，也不至于无可救药啊！"

年轻人突然觉得羞愧万分：别人如此相信我是个好人，我为什么要做坏事呢？于是，他将金佛重新放回盒子里，谢别老和尚之后，他决定返回城里从一名打工者做起。之后，他对身边的每一位同事都十分信任，不仅赢得了可靠的友情，也为自己创造了宽松的交际空间。

由于信任，才有亲情、友情和爱情存在，因为信任，才有社会、国家，才有这个世界和人类的存在。有了信任，我们才能幸福地生活。

信任是美丽的。信任就是相信他人，相信这个世界，从根本上讲，是因为我们相信自己。完全信任自己的人，谁也不能伤害他，即使你可以拿走他的财富，拿走他的爱，但没有人可以使他痛苦，他永远不会受伤。他依然会爱别人，爱这个世界，生活得平和而平静，让所有的不信任、所有的欺骗都蒸发。

一个和尚出家悟道多年，依然没有长进，他自认为不是出家人的料，便想下山返回尘世。

和尚去向禅师辞行，他对禅师说："我天生愚钝，脑袋像一块顽固不化的石头，不是悟道的料，我只好下山还俗了。"

禅师并未言语，只是带他来到寺里一尊佛祖像前。

禅师问道："你面前的是谁？"

和尚回答说："神圣的佛祖。"

禅师走到佛祖像跟前，用手轻轻地抚摸着佛祖像："这尊佛祖像是什么做成的呢？""它是石头做成的。"和尚回答。

禅师微微一笑："连石头都能做成神圣的佛祖，这可是天下的奇迹了。"

听了禅师的话，和尚恍然大悟。他立即打消了下山还俗的念头，立志安心修身、养性悟道。后来，他成了一代禅师。

是的，相信自己，使自己的潜力得到挖掘，肯定能在生活中取得成功。相信自己的思想，相信自己内心深处的意识。一个人应该学习更多地发现和观察自己内心的闪亮火花。遗憾的是，人们并不总是注意自己的思想，而是不自觉地把它放在一边，仅仅因为这是他自己的心。

信任自己是令人快乐的，信任他人也一样令人快乐。被信任，是一种美妙的体验，如春天的阳光，使身体温暖。它可以刺激人的潜能，改变自己的命运，让生活充满积极和热情。一个人被信任是一种幸福，别人在绝望中能够想到你，也是一种幸福。古时候，赤胆忠心的侠客为知己付出一切，包括生命。这是一种信任。相信别人，容易，但是做一个被别人信任的人却是困难的，有些人一辈子也不能做到。信任别人是一种愉悦，被别人信任则是一种巨大的幸福。可以被信任，甚至以生命相托付，那么你的一生也就没有什么遗憾了。

信人者，人未必尽诚，己则独诚矣；疑人者，人未必皆诈，己则先诈矣。

　　信人，是一个国家繁荣的灵丹妙药，是明智的人安身立命的法宝。因为信任，刘邦运用萧何的谋略与韩信的武功登上宝座；因为信任，唐太宗采纳魏徵的谏言，接纳贤臣的建议，创下贞观之治。因为不信任，关将军败走麦城，三百兵士化为白骨；因为不信任，项羽鸿门酿下后患，血染乌江岸边。信任，大臣们会帮助明君齐家，治国，平天下；不信任，昏君失去自己的江山，遗憾终生。信自己，是刚毅，坚韧，智慧，谱写超越时空的歌曲。信自己，毛遂以三寸不烂之舌救赵国于危难之中，赢得别人的赞赏；信自己，俾斯麦执行血和铁的政策统一德国，改变欧洲格局。信自己不可以盲目，迷信自己的人不会作出一番大事业而只能够奏出一曲悲歌。因为盲目地相信自己，荆州之败没有使关羽醒来，他依然固执，刚愎自用，不听王甫不走大路而走小道的建议，最后他在战斗中死亡，身首异处。因为盲目地信任自己，赵括自以为是指挥长平之战，最后纸上谈兵，输了四十万卿卿性命。

　　人们如果有正念和正信，那么人生的旅途将不会有错误。能运用智慧，能运用能力，这才是真正的人才啊！把握好信人与信己的尺度，方能抚四海于一瞬，纳古今于须臾，然后可以运筹帷幄，决胜千里。

　　信自己，也要让自己成为一个值得信赖的人。荀子说，即使是普通的谈吐也一定要诚实可信，即使是普通的行动也一定要谨慎小心，不敢效法流行的习俗，不敢自以为是，像这样就可以叫做诚实之士了。诚信是完全解除所有伪装，像一朵花本身完全开放那样，自然，简单，善良。诚实的力量是一种敞开的力量。

生活禅理

自信是使信任持续增强的价值观。唯有这种价值观，才能放下、放开、放松，才能永远葆有创新的激情。因为自信，所以信任，舆论如潮，我心如石，磐石坚定，终会水落石出。信任是心灵相通的桥梁，家庭稳定的纽带，化恶为善的力量。

轻轻捧起我们的爱

走进寺门，我们面对的弥勒佛总是快乐地笑对众生。

在民间，他经常被描绘成身上爬满可爱顽童的慈祥形象。这个形象，在千年的中华文明中形成并传承下来，代表了我们对人生的美好愿望。

我们寄希望于弥勒佛，因为那些可爱的顽童便是我们自己。

我们总是希望，自己能永远怀有一颗未泯的童心。

孩童总是无忧无虑，而我们总是烦躁、忧虑、痛苦。

如何才能拥有童心般的快乐？

很久以前的一天，天上下起大雨。雨过之后，阳光照在一座宫殿中的水池之上，泛起一串串灿烂的水泡，十分美丽。

宫殿中的小公主看到了被阳光照射的七色水泡，便蹦蹦跳跳去找她的父王，请求父王将池中的水泡串起来戴在她头上。将公主视为掌上明珠的国王不忍心让公主失望，于是召集身边的大臣，要他们想出能将水泡串起来戴在头上的方法。

这根本就是个不可能完成的任务啊……每个人都这么想。于是大臣们纷纷摇头叹息。

此时，一个宫女从旁边走过来，告诉国王，自己可以办到。

国王很高兴，大臣们也终于如释重负。

宫女牵着小公主的手走到水池边，坐上小船，划到水波荡漾的池中心。宫女告诉公主："您想要哪颗水泡啊？您自己拿起来，我帮您串成最美丽的头环。"

听到宫女的话，小公主很高兴地伸出小手，开始抓起身边的水泡。

当然，每一个水泡被抓起来的时候，无一例外都会破掉。

这样反复十几次后，公主手中依然两手空空。小公主想了一想，便笑了，带着宫女一起回到王宫，去见父王。她扑倒在父王怀里，撒娇地告诉国王："水泡很美，但是我拿不起来，所以，我就不要了。"

儒家常讲：大仁者常保其赤子之心。在现实中，我们和小公主之间的差异是我们的心对外界过于痴迷。我们总是按照自己的主观臆断去判断一个人，判断一件事情，忘记了按照事物的本来面目去接受它，了解它。我们今天所有的，不论是财富、地位或名誉、情感，都像是水里的浮萍，虽然美丽，但我们只能欣赏和享受，而不能占有和控制，不能让它们随我们的心愿发展下去。我们总是自以为是世界的主人，至少，应该是自己的主人，对不对？但事实上，我们连自己的身体也不能完全占有。它不会按照我们的意志去发展，无论我们愿意还是不愿意，它还是会变老，会生病，会有一天离我们而去。同样，丈夫和妻子的感情，父母子女之间的感情，莫不是如此。

万物如梦如幻，我们永远都无法得到。因此，放下吧。放下自己的私欲，用欣赏与享受的眼光来面对世界上的万物众生，人生就会变得美好而灿烂。

我们可以享受蓝色的天空和广阔的大地，享受多姿多彩的花草树木，享受友谊的情感，享受丈夫和妻子的爱情。在爱的房间，每个人都需要给对方一点空间和时间，让对方感到轻松自在。拥有自由的爱，才会永远存在。

在许多情况下，我们将拥有理解为占有。我们越是占有，就越担心，害怕我们关心的人离开。但是，并非紧握双手，你就可以得到自己想要的东西。我们都知道沙子的故事。为了得到一把沙子，就紧握拳头，那样沙子反而会从你的手中流走。只有轻轻捧起它，你才会拥有它。

放下我们的私欲，放下我们的恐惧不安，轻轻捧起我们手中的沙子，捧起我们心中的爱。没有恐惧不安，我们就不会轻易丢失。佛家偈语说："身是菩提树，心如明镜台。时时勤拂拭，勿使惹尘埃。"这是我们的心。一个人出生时，本来没有什么欲望，所谓的那些欲望，不过是心灵的尘埃。明白这一点，我们就知道如何时时注意，将自己被世俗污染的灵魂清洗得纯洁和干净如初。

著名作家莫言是这样诠释"生活"的："生活是充满不快乐和快乐

的，人生的任务，就是战胜不快乐。"著名动作影星李连杰说："只有爱的力量，才可以征服整个人类的心灵。"爱自己的生命，爱身边的家人和朋友，爱这个充满活力的社会……因为有爱，生命才有灵性与无尽的延续，生活是一种幸福。所以，珍惜生命，用全身心去感悟生命。拥有爱，我们能够面对各种跌宕起伏的生活，在艰苦的过程中，体会到生命的真正意义，找到生命的价值。珍惜生命，用心感悟生活，带着这种态度和追求，我们将拥有最大的"财富"。以前听说过，一些人看淡了世事，主动奉行佛教禁欲主义，不穿金银，不攀龙附凤，只是简单地珍惜生命。然而，这样的生活，说起来简单，做起来十分困难。人生活在这个世界上，钱不是唯一的目的。人不能只为了吃饭而活着。生命的真正价值是辛勤付出，珍惜生命。让爱充满生机，这是生命的价值。骆驼作为一个沙漠的使者，并不渴望绿洲，却愿意成为人类的助手，这是它的价值。菊花作为秋天的花朵，不期待和别的花攀比，而只是静静地绽放自己的生命，这是它生命的价值。每个人都有自己的理想，这理想决定我们生命的价值。

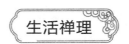

生活禅理

　　一个人如果不会爱，那就不能理解生活。只有对人类的强烈的爱，才能激发出一种必要的力量来探求和领会生活的意义。

不必强行改变自然进程

顺应是一个非常强大的力量，它发自内心。反抗的力量是有限的，但是顺从的力量是无限的。禅宗告诉我们对待事情时应该顺从、接受。要心灵平静地处理生活中的种种。力求做到与自然和谐，跟随天地的变化。当你实现真正的顺应和接受后，你就会和与对你"对立"的事情"融合"，当你用和平的精神融合到这些事情中去，你就会了解它，掌握它的规律。

当你想要顺应的时候，你的心应该充满爱。接受是一种乐趣，而不是强迫。所以，老子讲，顺应天地则为道，顺应社会则为德——这就是"道德"的一层意思。顺应不仅是一种好的心态，它更是一种很好的生活方式。你选择了顺应，也就选择了做一个智慧的人。用这种态度来面对生活，你就会感觉到身心的和谐，也会感受到生活的美好，同样，我们要使自己成功，我们就必须学会做一个真正的好人，我们必须学会接受和适应，这是人们的自我提高，而且也可以使自己的优秀品质增加。

生活常常是这样，你越是追求某事，就越是得不到，结果令人失望。有时，自己不关心，不执着，不拼命寻求，反而会获得意想不到的好处，近乎完美的结果。

面对婚姻，我们不妨用一种自然的态度去面对。在《诗经·氓》中有一段对于爱情以及婚姻生活的描写，对今天的人如何建立一个爱的婚姻和家庭来说，仍然是很有教育意义的。一个老实的男子抱着布来向女子买丝。后来，两人相爱了，结了婚的女人把全部的劳动和贡献都给了这个家庭，但那个男子却移情别恋，粗暴对待她，使她遭受了折磨和痛苦。但是她是很有主见的女人，面对一个破碎的婚姻和家庭，一个无法再重现曾经美好生活的家庭，再拖下去也只是煎熬和折磨，为什么不去放弃它？所以她毅然决然选择了离开。她的那种决绝的态度，感动了多少人啊，她走自己的路，作出了一生的选择！和以前的那个错误的婚姻相比，这是一个成功的人生选择。

顺应不是这随波逐流，没有要求，也不是害怕面对生活的残酷和无奈，更不是对人生的目标犹豫不决。其实，顺其自然就是让我们顺着事物的规律，听从心灵的自然发展，服从感情的自然升华。只有这样，你才会是一个平静、宁静、豁达的人，你将会多一分明智，少一分愚钝；多一分安静，少一分浮躁；多一分祥和，少一分吵闹。

顺其自然，其实反映了一种伟大的智慧，一种博大的胸怀，一种淡然做事的理念，一个清晰的头脑。我们处在这个世界上，难免会有许多烦扰。我们每个人都有私心杂念，有时会自私贪婪。受了这些驱动，我们会把美丽的风景看做丑恶，使你的心掉进黑暗的深渊。其实生活很简单，只要你不过度放纵欲望，没有必须得到一切的野心，用最简单的心以及顺应的姿态，顺应生活。阳光依然灿烂，花朵依然是如此温柔和美丽！

这种生活的例子举不胜举，就像我们的婚姻生活，每个人都想用自己的标准来制约对方，使对方适应自己的生活模式。但是，每个人的思想、生活方式、行为、个性都有许多差异。因此，双方在一起生活得久了，就一定会产生冲突，感情也会趋于平淡。如果对方急功近利，想要绑住对方，让对方处于自己的股掌之中，其后果往往是适得其反，他会用逃避来摆脱身体和心灵上的疲惫，会本能地抗拒这种束缚。正如鸟笼内被困的鸟儿，表面上看是很安逸，其实最悲惨的是个性的损失，飞翔才是鸟儿生命的真正意义。

因此，对人性和自由的扼杀才是最打击人的事情。只有给彼此适当的空间和自由，相互信任和理解，婚姻才会更加长久！在许多情况下，越是束缚，对方越是想逃离，自己也感觉很累，于事无补。任何人都有其既定的生活道路，也有其自由发展的空间。考虑到生活的本质就是这样，为什么不放开自己，随时接受现在的一切，心灵自由了，人就会得到平静与安宁。

看到太多的人，听到太多的真实故事，感受到周围太多的沧桑。在人生风雨的陪同下，各种滋味都尝过，有喜悦，也有悲伤，终于悟到要遵循大自然的客观规律，这是生命中最好的哲学。

顺应自然的客观规律，以淡泊的心态面对世界上的事情，以"宠辱不惊，看庭前花开花落；去留无意，望天上云卷云舒"的心态平静地面对生活，做真实的自己。不是蔚蓝的青天，我们可以做飘逸的白云；不是广阔的大海，我们可以做幽静的小溪；不是无边的草原，我们可以做无闻的小草。只要我们在现实生活中展现自己的光辉，即使我们只是最不起眼的小花小草，也会绽放最美丽的瞬间。只要不失去自我的特质，朴素的生活照样可以活出精彩的味道。

生活禅理

　　只有顺应自然的客观规律前行，才会不惧天，任你狂风暴雨，依窗拂琴；不惧地，任你山崩地裂，聚友品茗；不惧人，任你狡猾如狐狸，以静制动。

第五章
善用其心的智慧

　　"善用其心"是大智慧，"善用其心"就是要不断优化我们的自身素质。

　　善用其心就是时时刻刻提醒自己保持正确的认识，分析和处置外界一切事务，保持内心意识的稳定平和，遇事冷静，宠辱不惊。善用其心，从主动意义说，是内心的反思看护；从被动意义说，是对正确原则的遵守和奉行。它应该包括方方面面的事情，我们的每一项工作，都要有此用心，才能够自利利他，否则就是自害害他。成败得失，长短之差，谁是真英雄？高手相搏，有时全靠心力的较量。谁的定力强、毅力强、应变力强、自信力强，谁才能成为真正的强者。善用其心，做一个生活的智者，而一个智慧的人，应该是一个懂得放弃的人，豁达而通透的人，而不是满脑子世故、满心算计、满眼功利之人。一个有智慧的人，该是一个快乐的人，而不是充满烦恼的人。所谓仁者无忧、智者无惑、勇者无惧。君子坦荡荡，小人长戚戚。智者的心灵是充满通透和光明的。

舍与得的较量

舍与得是人生的抉择。舍是一种智慧，得是一种勇气。真正的智慧人生，是要学会舍与得。舍得是一种人生哲学，也是一种人生态度；是一种品质，更是一种心境、一种境界。舍与得之间蕴藏着不同的人生际遇。

泰戈尔说过：当鸟翼系上了黄金，就再也飞不远了。从某种意义上讲，人生是越得越少，越舍越多。

有个年轻人在奋斗中，从默默无闻而成为声名显赫的富商，人们十分敬重他的才华和毅力。然而正当他春风得意之时，残酷的商业竞争又让他再次沦落到一无所有的境地。当名誉与金钱像烟尘一样从他眼前飘走时，他沦落了，变成了乞丐。一天，一位白发须眉的老僧从他身边走过，又折回来，站到他面前，双手合十，向他讨施。年轻人羞愤地说："我已一无所有，拿什么施舍给你？"老僧说："世上本就一无所有。"年轻人觉得老僧是在嘲讽自己，便默不作声。不料老僧却笑而不去，只见他轻轻从拂袖里掏出一枚钱币，递给年轻人说："你没有，我有。"年轻人接过老僧手中的钱币，正当他想把钱装进自己的口袋时，老僧却忽然说道："现在你有了钱，可以施舍给我了吧？"年轻人气急败坏地瞪着老僧，但最终还是把钱交还给了老僧。那原本就不是自己的东西，他无法把这一切都迁怒于他，况且他也曾经是个绅士。老僧并不离去，望着年轻人说："你很痛苦是吗？因为你得到的东西，又忽然不见了。"年轻人沮丧地低着头。老僧自言自语道："你又何必为失去这一枚钱而耿耿于怀呢？"年轻人望着老僧，想反驳什么，却忽然觉得老僧是想告诉他什么，于是沉默地望着老僧，想着老僧的一言一行。老僧看出年轻人的心思，便问道："我遇见你之前，你身无分文对吗？"年轻人点点头。"那现在呢？一样一无所有对吗？"年轻人再次点点头。"那么，你又有什么放不下呢？"年轻人似有所悟，老僧含笑离去。

年轻人其实本来一无所有，正是因为他得到了一些，所以在失去的时候才觉得非常痛苦，可是仔细想想，本来就不是自己的啊！一生中我们经常会遇到舍与得的难题。有时候放弃、舍去并不是一种失败、吃亏，而是放下了思想上的包袱、身体上的负担，只有这样我们的奋斗目标才会凸显，我们轻装上阵，才会加快成功的脚步，进而体味理想人生的真谛。

有一个登山者，他一心一意想要登上某座高峰。在经过多年的准备之后，他开始了自己的征程。他希望这次登山的殊荣由自己独立摘取，所以他没有通知其他伙伴，自己一个人出发了。在山脚下，他开始攀爬了，但是显然时间有些不对，有些晚了，但是他不在意，他放弃了准备宿营的帐篷，而是开始认真地准备爬山的装备。开始了，他不断地向上攀爬，没有丝毫松懈，紧张而有序。他相信，只要心中有个坚定的信念，认准目标，自己就一定会成功。但是天色越来越暗，直到最后周围变得漆黑一片，什么都看不见。山上的夜晚显得格外黑暗，原本明亮的月亮和星星也被厚厚的云层遮挡住了。即使这样，登山者也没有丝毫犹豫，更没有放弃，依然不断向上攀爬。危险来了，是那样突然——他的登山鞋打滑了，整个身体迅速跌了下去。在坠落的瞬间，登山者的一生，无论好坏，都一幕幕浮现在眼前，越来越深的恐惧也充斥着他的脑海。此刻，是死神离他最近的时候。突然，束缚在他腰间的绳子紧紧地拉住了他，他被吊在了半空中。刚才的恐惧还没有完全散开，他不禁脱口而出："老天啊！救救我吧！"

这时，从远处传来一个低沉的声音："你希望我能为你做些什么？"

"老天，救救我！"

"你真的确信我可以救你吗？"

"当然！"

"那就割断束在你腰间的绳子吧！"

这个回答无异于重复刚才失足坠落的恐惧。经过短暂的寂静之后，登山者决定继续抓住腰间的绳子，而且比之前更用力。

第二天，搜救队发现了他——一具挂在绳子上冻得僵硬的尸体。之所以这么快就发现了他，是因为悬挂他的地方距离地面仅仅有 10 尺的距离。

很多时候，我们就是因为害怕失去所以失去了，这个登山者其实可以得救的，可是他没有，他怕他丢开绳子就失去了生命，但结果是他因为没有勇气丢开绳子而失去了生命。

舍与得，既是一种精神，也是一种领悟。每个人都有过面对舍与得的徘徊心情，每个人都有过面对得与舍的无奈心境。当你内心已满之时，请舍下一些东西，抛却一些思绪。没有人知道自己想要的究竟有多少，没有人会说自己其实什么都不想要。面对世界上纷杂的新奇事物，我们有太多的强烈欲望，从而，人生也充满了太多的"一舍一得"。

何时舍，舍什么，怎么舍，全在于一个人的理性抉择。

舍，不是漫无目的的舍，舍的过程中要衡量利弊。辨其现象，析其真谛：舍得是亏也是盈，舍得是出也是入，舍得是因也是果。"舍"与"得"也可以说是一种交易，一种左手对右手的公平交易。怎样"舍"，又怎样"得"？值与不值，在于人们心中的估价，不同的人有不同的等价。

在人生路上，每个人不都是在不断地累积东西？这些东西包括你的名誉、地位、财富、亲情、人际关系、健康等，当然也包括了烦恼、苦闷、挫折、沮丧、压力等。我们一定有过年前大扫除的经历吧。当你一箱又一箱地打包时，一定会很惊讶自己在过去短短一年内，竟然累积了这么多的东西。然后懊悔自己为何事前不花些时间整理，淘汰一些不再需要的东西，如果那么做了，今天就不会累得你连脊背都直不起来。人一定要随时清扫、淘汰不必要的东西，日后才不会变成沉重的负担。这些东西，有的早该丢弃而未丢弃，有的则是早该储存而未储存。人生，就是一个不断寻找，不断拥有的过程。因为不曾拥有，所以努力去寻找；因为失去拥有，所以不停地追寻。有的时候，你拼命去寻找，却失去了原本拥有的，而当你放慢脚步，换个角度，你失去的就会得到。就像古希腊著名寓言家伊索曾说的："有些人因为贪婪，想得到更多的东西，却把现在所拥有的也失掉了。"

可能有时候某些因素也会阻碍我们放手进行扫除。譬如：太忙、太累，或者担心扫完之后，必须面对一个未知的开始，而你又不能确定哪些是你想要的。万一现在丢掉了，将来又捡不回来怎么办？

生命就是一次长途跋涉，很多时候我们会背负很多，而且我们真的不懂得如何去舍，如何把包袱放下，然而长途之中，我们的体力是有限的，不懂得丢弃就不能再拾起，不懂得放弃就不会再拥有。所以我们要学会进行心灵清扫，要学会拂拭尘埃，始终让自己保持清爽，保持干净的心态，就像是小时候那样，我们要保持一颗纯真的心。

舍去平坦的大道，你会得到上升的阶梯，舍去脆弱的孤舟，你会得到成功的桥梁。舍去未必就是坏事——最重要的，不是路途的远与近，成功的难与易，而是最终的目标。偶尔回首自己曾走过的路，细数那些经历过的困苦，审视自己所达到的位置，反思自己的舍与得，或许你会发现没有什么难以割舍。所谓：不舍不得，小舍小得，大舍大得。

生活禅理

舍是哲学，得是本事。舍，看起来是给人，实际上是给自己。懂得值得，你才会快乐。经营人生，人生奋进。用听得明、做得到的方法，让你得到幸福、自在、喜乐、善美。

自我暗示的力量

心理暗示是在日常生活中经常发生的心理行为，它是用含蓄、间接的办法对人的心理状态产生迅速影响的过程。它用一种提示，让我们在不知不觉中接受影响。

生活很多时候就是自我提醒，我们不断地处于被自己影响之中，我们告诉自己我们很棒，于是我们真的就变得很强了，我们觉得自己做不到，我们也许就真的做不到了。事情往往是自己说了算，无关别人。所以我们要学会积极地暗示自己。

威廉·丹佛斯是布瑞纳公司的总经理，据说他小时候长得瘦小羸弱，而且志向不高。因为，每当他面对自己瘦小的身体，信心就完全丧失了，甚至心中还经常感到不安，直到有一天，他遇见了一位好老师，人生观才从此改变。上课的第一天，老师便把威廉找来，对他说："威廉，我从你的自我介绍发现，你有一个错误的观念，你认为你很软弱，那么你就会变得越来越软弱。"威廉乖乖地站到老师面前，并听着老师的指示："你看看你的站姿，从中就可以看出，在你心中只想着自己瘦小的一面，来，仔细听老师的话！从现在开始，你脑海里要想着我很强壮，接着做收腹、挺胸的动作，想象自己很强壮，也相信自己任何事都能做到，只要你真的去做，也鼓起勇气去行动，很快地你就会像个男子汉一样。"小威廉跟着老师的话做完一次，全身忽然间充满了力量，如今，他已85

岁了，依然活力十足，因为他一直遵行着老师的教诲，数十年来从未间断，每当人们遇到他时，他总是声音饱满地喊："站直一点，要像个大丈夫一样。"

　　有时候自我暗示存在着巨大的力量，它能让我们忘记胆怯、软弱，当你把自己看成是一个强大的人的时候，你就会越来越自信，越来越朝着自我强大的方向发展。就像故事里的小威廉，老师的引导唤起了他内在的勇气与活力，让他相信，只要挺直腰，世界就已经掌握在自己的手中，你呢，还是垂着头，或是歪歪斜斜地站姿吗？你听，威廉又在喊了：站直点，要像个大丈夫一样。深吸一口气，你一定能感觉到身上的一股潜在能量正隐隐发散。很多时候不是我们做不到而是我们不相信自己能做到，所以我们永远也做不到了。

　　自我暗示可以分为积极和消极的自我暗示。如果你想美好的事情，美好的心态就跟着来；如果你想邪恶的事，邪恶的心态就会跟着来，你整天想什么，你就是什么样。积极的自我暗示就是一种自我鼓励，会让我们变得有信心，有力量，做事情会抛弃很多包袱，从而能够轻松上阵，很多时候，很多事情的成与败只是一闪念；而消极的自我暗示可误导个人的判断和自信，使人生活在幻觉当中不能自拔，并做出脱离实际的事情来。消极的自我暗示会让我们对世界的看法产生严重的影响，很多时候我们变得不自信，爱怀疑，甚至总是觉得惴惴不安。

　　我们的心灵其实非常的脆弱，很多时候我们怎么想，就会形成什么样的心情，如果我们总是暗示自己很强大，那么我们就会有强大的感觉；如果我们总是说：我不行，我不好，我做不到……那么你永远也做不到，永远也做不好，心理暗示就像是大魔咒一样，一旦掉进去，无论是天堂还是地狱，都很难再走出来。

心态决定命运，心态决定情绪。很多时候，不同的心态下，我们看到不同的景象会有不同的感受。下雨的时候，也许你会欣喜，觉得天空终于又干净了许多，连心也清爽了许多。但是我们也许会一下子心情跟着变糟糕了，我们会想我们的人生就如同这灰蒙蒙的天，没有光明。这是很典型的例子，同一种景象，不同的心境会看出不同的风景，与其抱怨，为什么我们不能找到美丽的那一面？

不同的心理暗示会出现两种完全不同的结果，所以很多时候事情完全是由我们的心态决定的，无关能力，无关命运，无关公平。积极的自我暗示就是用积极的思想、语言不断提示自己，克服悲观、沮丧和恐惧心情，使人精神振奋。积极的自我暗示是要自我鼓励、自我安慰，使心理状态得到自我调整、自我平衡，而绝不是自暴自弃，给自己施加不良影响。

你觉得自己是美丽的，那么别人也会觉得你很美丽；你觉得自己是丑陋的，那么你就会觉得所有人都在对你指指点点，然而事实是，他们并没有作出任何评价。

有一个女孩，左额头上有一块伤疤，这让她觉得自己很丑，对自己的形象非常没有信心，不愿意和别人打招呼，甚至不愿意抬头走路，情绪每天都很低落。

一天，妈妈送了她一只发卡，说把这个发卡别在头发上，就能挡住那块伤疤了。女孩对着镜子把发卡别好，确实遮住了伤疤，她立刻觉得自己变漂亮了，于是就别着发卡出门了。在刚出家门的时候，由于她太高兴了，不小心和迎面走来的一个人撞上了，她面带微笑地说了声"对不起"，就去上学了。

一整天，女孩都觉得心情很好。好像每个人对她都比平时更亲切，她也主动和别人打招呼，上课听讲也更认真了，因为她觉得好像每个老师都在注意她。尤其是在放学的时候，几个平时不怎么说话的同学，居然来找她一起回家。

回到家里，女孩兴奋地和妈妈说："妈妈，你送给我的这个发卡实在太神奇了！今天我感觉特别棒，从来没有感觉这么好过。"接着，她就把当天在学校发生的一切和妈妈讲了。

妈妈听后，纳闷地说："女儿，可是你今天并没有戴这个发卡啊，你看，早上你出门后，我在门口捡到了它！"

相信故事里的这个小女孩再也不会自卑了，再也不会觉得自己丑了，而且她会发现，有时候美丽与否完全取决于我们自己，没有人会在乎你的样子，但是会有人注重你的情绪，所以让我们别再自我惩罚，做一个乐观开朗的人。

其实，人与人之间本来只有很小的差异，但这很小的差异却往往造成了巨大的不同！巨大的差异就是一个人是成功、幸福，还是平庸、不幸，而这是由于不同的心理暗示。所以说，转变意识、发展积极心态，就要从心理上的自我暗示做起。

詹姆士·艾伦在《人的思想》一书中说："一个人会发现，当他改变对事物和其他人的看法时，事物和其他人对他来说就会发生改变——

如果一个人把他的思想朝向光明，他就会很吃惊地发现，他的生活受到了很大的影响。"一个人所能得到的，正是他们自己思想的直接结果。有了奋发向上的思想之后，一个人才能奋起、征服，并能有所成就。如果他不能奋起他的思想，他就永远只能衰弱而愁苦。

　　乐观地对待一切，对待自己，有时候觉得自己很强，也许我们就真的很强了；觉得自己很伟大，自己也就不再渺小了！

生活禅理

　　心理学家马尔兹说："我们的神经系统是很'蠢'的，你用肉眼看到一件喜悦的事，它会作出喜悦的反应；看到忧愁的事，它会作出忧愁的反应。"

　　当你习惯地想象快乐的事，你的神经系统便会习惯地令你处在一个快乐的心态。我们应该时刻与自己比，成为自己心目中最好的，永远向上的。在心理暗示中，永远记住，只有你才是你生命的主宰，只要你永远对自己充满信心，任何人都不能改变你！

随心所欲不逾矩

　　凡事适可而止，不可过量。自由是一种境界，一种随心所欲的境界。

心有多宽，自由就有多大。但是自由也是建立在大家都遵守规矩的基础上的，任何一个组织都是这样。

不要把个人的自由建立在别人的不自由之上。如果是那样，经过恶性循环，组织必然走向灭亡。组织的一个重大工作就是建立组织的规矩——让组织中的人都相对自由的规矩，这里的相对是说遵守规矩就自由的意思。

周亚夫是汉朝功勋卓著的将军，以英勇善战、严守军纪著称。有一次，汉文帝要亲自犒劳军队，先到达驻扎在灞上和棘门的军营，文帝一行直接骑马进入营寨，将军和他的部下都骑马前来迎送。

接着文帝到达细柳的军营，那里驻扎着周亚夫的军队。只见细柳营的将士们都身披铠甲，手执锋利的武器，拿着张满的弓弩。文帝的先驱队伍到了，想直接进去，营门口的卫兵不让。先驱说："天子马上就要到了！"把守营门的军门都尉说："将军有令：军队里只听将军的号令，不听其他指令。"

过了一会儿，文帝也到了，仍然不能进入军营。于是文帝便派使者持符节诏告将军："我想进入军营慰劳军队。"周亚夫这才传达命令说："打开军营大门！"守卫军营大门的军官对文帝一行驾车骑马的人说："将军有规定：在军营内不许策马奔驰。"于是文帝等人就拉着缰绳缓缓前行。

一进军营，周亚夫手执兵器对文帝拱手作揖说："穿着盔甲的武士不能够下拜，请允许我以军礼参见陛下。"文帝被他感动，表情变得庄重，手扶车前的横木，称谢说："皇帝敬劳将军！"完成仪式后才离去。

出了营门，群臣都表示惊讶。文帝说："唉，这才是真正的将军！前面所经过的灞上和棘门的军队，就像儿戏一般，那些将军很容易用偷袭的办法将他们俘虏；至于周亚夫，谁能够冒犯他呢？"说罢，文帝仍然不停地称赞周亚夫，并传令重赏。

在规矩面前人人平等，任何人都不能逾越，哪怕是我们的上司，再有权势的人在规则面前都是平等的。

在日常生活中，我们更要遵守规矩，只有有规则意识，一个团队才能进展得更加顺利。从大的方面来说，一个国家建立法律就是在建立组织的规矩。每个人都遵守法律大家才会自由。从小的方面来说，我们在开会的时候总会有人迟到，可是迟到不仅违反了规定，最关键的是，这是对别人的一种不尊重。作为会议的组织者，他们希望你能早来，这是对他工作的一种肯定，对于与会的其他人员来讲，你也应该早到，你晚到一分钟，就是浪费别人一分钟，人越多你浪费的时间就越多，而仔细想想，你又有什么资格迟到呢？你凭什么拿别人的时间不当回事呢？所以遵守规矩就是尊重别人，从而也让自己赢得尊重。

有一个名人说："我们每个人都生活在这个社会上，社会有社会的规则，我们必须遵守。或许我们每个人都不会生活得那么舒服，不能够完全地随心所欲，但是大家都不能随心所欲，大家也都不会太难受。因为，如果有人能够随心所欲、没规矩的话，那么大家都会难受啊！"

无论是做事还是交友，我们往往会碰到一个怪圈：做得太到位会不好，做得不到位也不好。不做事或者做事做得太慢，往往会被人视为不够进取；而如果做事做得太激进，要么是让人感觉火候未到，要么是被人嫉妒，遭到枪打出头鸟的命运。交友也是如此，如果太过一本正经，往往会让人觉得你不好接近，如果太过亲近，则又让感觉你太随意。有时的确很矛盾。

"随心所欲不逾矩"是孔老夫子给我们的忠告，想做一个这样的人必须要有坚定的信念。相信自己可以做到比什么都重要。

伯克斯顿相信，只要一个人形成了坚定的信念，并坚持它，那么他做起事情来就能收放自如，所谓"随心所欲不逾矩"。在给儿子的信中，他这样写道："此刻，你已经到了抉择自己人生方向的关键时刻，你必须制定出抵御不良影响的准则，形成坚定的决心和意志力。否则，你就会陷入无所事事、漫无目的和效率低下的习惯中，成为懒散无用之人，并且，一旦你沦落至此，就会发现重新开始绝非易事。我知道年轻人喜欢意气用事，随心所欲，我就曾经这样。我生活中太多的幸福和成就正是源自于我在你这个年龄时所作出的转变。如果你现在慎重果断地作出决定，去成为一个勤勉用功的人，那么，欣慰和愉快就会充满你整个的人生。你一定要相信自己，相信自己能够做到自己决定的事情。"

有时候信念是很重要的，我们需要不断地激励自己，让自己成为一个懂规矩的人，勤勉努力的人。

为什么我们会打破规矩，为什么我们不能遵守一个团队的秩序，原因有两个，要么你不适合这个团队，要么你不重视这个团队。也许你本不是中规中矩的人，那么就不要把自己放到这样的人群中，如果周围的人都是方的，而你是圆的，那么相互碰撞，都会受到伤害，不如自己跳出樊笼，寻找适合自己的地方；另一种那就是你并不在乎这个集体，如果你不在乎，那么你就很难看重，如果不看重，你就不会刻意地遵守什么。

在我们的生活和工作中，存在着各种各样的法律、法规、制度、规定、规矩等，约束着人们的行为，使其在一定的限度内自由活动，从而保证整个社会平稳、顺利、健康地发展。在我们不断与人交往的过程中我们才慢慢体会到：追求个性的自由，是要以不妨碍他人、不违反制度、不破坏秩序为前提的。如果你破坏了秩序，那么你也不会得到真正的自由，反而会令自己陷入泥沼之中。有约束的自由才是真正的自由，让我们共同努力来追求那种"随心所欲不逾矩"的美好境界吧！

生活禅理

做人要守规矩。不论是人前还是人后，都要一致。规矩是用来约束自己思想和行为的，不是做给别人看的。懂得自律我们才能收获真正意义上的自由。

自知与知止，何时都是聪明

由于生物遗传密码的千差万别，后天教育与环境的差异，造就了每个人有不同的志趣、性格和风采。其中既有迷人之处，又有遗憾之处。一个人的性格可能是爽朗、是幽默、是仁慈、是热情、是勤快、是深沉，当这些"自我"能真实地表露出来时，其魅力一定最动人。一味要求自己与我们羡慕的人看齐，常常会丧失美好的东西，而陷于尴尬与痛苦。

哲人说："诚实地向自己展开自己，这是人生一道优美的风景线。"

自知，就是要知道自己、了解自己。然而自知并不是一件简单的事情，并不是所有人都能做到的，很多时候我们都无法了解自己，无法做到自知。常言道："人贵有自知之明"，把人的自知称之为"贵"，可见人是多么不容易自知；把自知称之为"明"，又可见自知是一个人智慧的体现。人不自知，其实是件很可怕的事情，不但不智慧，反而会很愚蠢。

有自知之明的人才能在任何时候保持清醒的头脑。《战国策·齐策》中的邹忌就很有自知之明，没有被旁人的吹捧搞昏了头脑，他说："妾之美我者，畏我也；客之美我者，欲有求于我也。"这里，他把吹捧者的内心揭露无余，因此也就不会被"妾"和"客"所欺骗。在日常生活中，我们经常会因为别人的夸奖而沾沾自喜，但是我们必须明白，有很多时候这些话都是假的，都是不真实的，甚至是带有目的的，批评我们的人大多值得相信和尊重，赞赏我们的人就不一定了！

有自知之明的人才能有所进步。有了自知之明，我们就能够准确地认识自己到底是一个什么样的人，我们到底有多优秀或者多么不够努力，唯有如此，我们才能找到自己进步的空间，才能以自己的条件决定去干什么，不去干什么。知道自己的缺陷在哪里，我们才能进一步地发展自己，才能更好地提升自己，一个人可怕的不是有缺陷，可怕的是自己有缺陷却不能自知，总是处于自我满足之中的人很难有进步。只有真正了解自己的长处和短处，避己所短，扬己所长，才能对自己的人生坐标进行准确定位。当你认识到自己的不足之时，也就是进步的开始。

没有自知之明，我们就会恃才傲物，故步自封，当危险来临的时候我们也不在意，总是处于自我满足的状态，也许我们会在不经意之间掉进陷阱里。

要想有自知之明必须学会自我反省、解剖。一个严于解剖自己的人，往往是有自知之明的人。但人要做到这一点，往往是比较难的，解剖别人易，解剖自己难。古人云："吾日三省吾身。"就是说，自知之明来源于自我修养和自我慎独。因为自省才能自制自律，自律才能自尊自重，自重才能自信自立。自尊为气节，自知为智慧，自制为修养。人具备了自知之明的胸臆和襟怀，其人格顶天立地，其行为不卑不亢，其品德上下称道，其事业左右逢源。在人生道路上，就能经常解剖自己，自勉自励，改正缺点，量知而思，量力而行，及时把握机遇，不断创造人生的辉煌。"知人者智也，自知者明也。"

要想有自知之明，必须正确衡量自己。自以为是的自知与真正的自知不同，自以为了解自己是大多数人容易犯的毛病，真正了解自己是少数人的明智。很多时候，我们高估了自己，我们盲目地认为我们可以做到，而实际情况并非如此，这个时候我们很容易让自己陷入两难境地，不知该进该退；很多人又喜欢妄自菲薄，明明自己可以做到，可是却不自知，所以导致自己非常不自信，总是看低了自己的人很难有所创新，很难有所开拓。人生如秤：对自己的评价秤轻了容易自卑；秤重了又容易自大；只有秤准了，才能实事求是、恰如其分地感知自我，完善自我，才能做到自知之明。

有自知之明才能摆正人生的方向。不自知的人往往昏昏然，瓢飘然，忘乎所以，看不到问题，摆不正位置，找不准人生的支点，驾驭不好人生的命运之舟。自知之明关键在于找准自己的位置，摆正自己的心态，只有这样才不会走上偏路，只有这样才能不失去正确的方向。同时，不自知是受私欲和心境的影响与干扰的。在如今人心浮躁和物欲横流的人际交往中，如果不能正确认识自己就不能在权利、金钱的漩涡中把握住自己，很多时候，我们由于不自知，没有自己的人生方向，所以不能把握自己，没法给自己定一个人生的目标，这样就很容易失去重心，失去人生的意义。人贵有自知之明。前辈京剧大师都是有自知之明的，各人有各人扬长避短的代表作，一般不夺人之美。例如梅兰芳不唱《荒山泪》，程砚秋不唱《霸王别姬》，杨宝森不唱《借东风》，马连良不唱《文昭关》等。

有自知之明才能不断完善自我。自知无知才求知，自知无畏才拼搏。很多时候我们不能只看到自己的长处，而不看自己的短处，这样会妨碍我们进一步的学习。学然后知不足，知然后更求知。因此，自知之明是求知的不竭动力，求知是自知之明的升华。通过求知改变自己的无知无识，也是使自己达到自尊自重、自律自信，进而自立自强自如人生境界的基础。只有不断地学习，才能让我们的人生更加充实，生命感更加厚重。

世界上的万事万物都有自己的长处和短处，你要时时反省自己，如果你总是觉得自己很优秀，总是觉得做什么做得都很好，那么，你就已经很危险了，就已经陷入自我满足之中了。这个时候一定要好好地反省自己，仔细想想肯定有不足的地方，同时我们要反观他人，多向别人学习，万万不可只停留在自己的世界里。

现实生活中，有的人对自己没有一个客观的认识，不能真正了解自己，战胜自己，驾驭自己。总是在理想中生活，做人、做事好高骛远，夜郎自大，过于自信和自重，总觉得高人一等，办事忽左忽右，不知轻重，而造成不必要的尴尬和悲剧；但有的人能看到自己的不足，找准自己的短处，懂得自我反思和醒悟。我们要做一个这样的人：认识自己，认识他人，有自知之明，有自我解剖的能力才能更好地生活和工作。

生活禅理

只有认识了你自己，你才能沉着冷静，你才能准确定位，你才能认定目标，你才能虚心学习，你才能奋发向上，你才能变得睿智，你才能胜不骄、败不馁，才能"不以物喜，不以己悲"，老老实实地做人，扎扎实实地做事，踏踏实实地过自己的人生。

最可依靠的是我们自己

世间的大事莫过于生离死别，世间的难题莫过于苦海轮回。在这些大事及大难题之外，还有无量无边的烦恼障碍、痛苦忧愁，那你要依靠谁，依靠什么事物呢？佛教主张依靠自己，依靠自己的修行，依靠正确的智慧。

人世间烦恼忧愁不断，我们需要不断地解决，很多时候我们也需要别人来帮忙，但是我们不能把希望寄托在别人身上，从小妈妈就教我们，自己的事情要自己做，因为没有人能够真正地帮你，除了你自己。

一个人遇到了难事，于是他去庙中参拜观音菩萨。在菩萨面前，他把自己心中的痛苦说了出来，希望菩萨能指引他改变生活。在他虔诚祈祷的时候，另一个人也进来，对着菩萨参拜。这个人回头一看，发现前来参拜的这个人，正是菩萨自己。

这个人很疑惑，于是就问："菩萨，你为什么拜自己？"

菩萨笑道："我也遇到了难事，但我知道，求人不如求己。"

世界上最可靠的人是我们自己而不是别人，所以我们必须要有自主的精神。很多时候，我们遇到困难觉得自己走不动了，这个时候只要坚信自己是最棒的，就能走得更远。我们必须知道，任何人都是靠不住的，除了我们自己。别人也都会有自己的烦恼，我们不能太自私，只是想着自己。

一个国家的发展，一个社会的进步，靠的是我们每一个人的努力，是大家共同奋斗的结果。很多时候我们喜欢抱怨制度，喜欢归罪于它，殊不知，这是非常自私和可笑的，我们为什么不从自己的身上找原因呢？我相信，只要把心力放在勤奋自修与精益求精上，我们将比任何时代都拥有更好的机遇和光明的未来——我们已然起步，但坚韧不拔才是成功的必要推动力。只要热情满怀地前行，我深信，用不了多长时间，我们就将共享整体幸福、个体独立的理想状态。

依靠自己并不代表着这个社会抛弃了你，自己更不必感到悲伤，我们应该为自己的坚强而自豪。反而那些总是依靠别人、依靠外力的人是懦弱的，是不值得我们尊重的！

小蜗牛问妈妈："为什么我们从生下来就要背负这个又硬又重的壳呢？"

妈妈："因为我们的身体没有骨骼的支撑，只能爬，又爬不快，所以要这个壳保护。"

小蜗牛："毛虫姐姐也没有骨头，也爬不快，为什么她却不用背这个又硬又重的壳呢？"

妈妈："因为毛虫姐姐能变成蝴蝶，天空会保护她啊！"

小蜗牛："可是蚯蚓弟弟也没有骨头也爬不快，也不会变成蝴蝶，他为什么不背这个又硬又重的壳呢？"

妈妈："因为蚯蚓弟弟会钻土地，大地会保护她啊！"

小蜗牛哭了起来："我们好可怜，天空不保护，大地也不保护。"

蜗牛妈妈安慰他："所以我们有壳啊，我们不靠天，也不靠地，我们靠自己。"

大多数的时候，除了你自己，没有任何人能给予你保护。给你的保护也是暂时的，你将会失去，真正的庇护来自我们自己。当你确定了一个长远的目标，并开始着手培养自己的能力，改正自己的缺点时，你要知道，真正支持你迈向成功之路的人，正是你自己。

大多数时候除了你之外，没有任何人可以使你失败。世界上最大的敌人是自己，只要自己不打败自己，没有人能打倒你，没有人能限制你的脚步。许多人都有这样的经验，有些麻烦往往是自己造成的，只能怪自己，但是，正如你是自己最大的敌人一样，你也可能成为自己最好的朋友。一旦你懂得世间唯一能左右你成败的人就是你自己时，那么，你就能化敌为友，做自己最好的朋友。

学会依靠自己就要学会勤奋努力，做事情要果断。我们要把一切付之于行动，不能只是每天空想。西方有句名言："一个人的思想决定他的为人。"行为是思想绽放的花朵，快乐与痛苦是思想结下的果实，因此，收获快乐还是痛苦，取决于自己的思想，思想造就个性，一念之间往往决定一生的命运。

无论什么时候，第一个应该相信的人是你自己。爱默生说："相信你自己吧，每颗心都随着那弦跳动。接受上苍为你找到的位置——同时代人组成的社会关系网。"爱默生认为，宇宙是单一精神的体现。人的心灵和自然界都与这一精神相同，因此人和自然界都具有"神性"。既然"人是自己的神"，神是不可靠的，神也有不开心的时候；圣人也不可靠，也许在你困难的时候他正好睡着了；别人更不可靠，也许他的电话打不通了，也许他人不见了……所以，在任何时候，我们第一个抓到的就是自己，我们就是自己的救命稻草。

生命坚韧而又脆弱，而你必须坚韧，必须为自己喝彩，没有人能承受得了你的眼泪，一次又一次。我们要坚信自己是最棒的，是独一无二的，无论什么时候，没有第二个自己，无论什么时候，我们必须对自己有信心，时时刻刻地告诉自己，我们就是最棒的。天大的悲伤，也只有自己才能扛得起，再也不要指望别人给你安慰，给你力量，给你依靠，给你安全感，给你快乐，给你所有希望的东西，只有你自己才可以做到！生活是什么，是让自己更精彩！无法再相信太多的誓言，相信太多的童话，童话破了，只有自己才知道那痛的滋味。那不是童话，那是梦魇。

敢于证明自己。很多时候我们会碰到很多我们从来都没有碰到过的难题，当问题出现的时候我们会一下子手足无措，很多时候不是我们做不到，而是我们怕自己做不到，这个时候本来试试是可以成功的，就是因为无谓的担忧，我们在困难面前退缩了。这个时候不妨给自己一个证明自己的机会，大家都觉得我做不了，我觉得自己也做不了，可是谁又知道我到底能不能做到呢，这个时候不妨给自己一个锻炼自己的机会，勇于向前，拼搏一回，生命就是不断地突破自我，不断地超越自己。

只有自己，永远的自己，给自己永远的力量和快乐！一个人的精彩，一个人的悲哀，一个人的痛苦，一个人的快乐，一个人的脆弱，一个人的眼泪，一个人的恐惧，一个人的孤独……这些只有自己一个人去品尝，生活将继续，无论发生任何事，只有我自己才是唯一永恒的信仰！信仰自己，再也不要把希望寄托在别人身上，再也不要把不快乐发泄在别人身上，那是徒劳的，换不来别人的半点同情和理解，只有别人的烦躁和笑话。依靠自己，永远地依靠自己，把卑微的想法都放弃掉吧。

生活禅理

　　依靠自己，让自己强大，即使风再大，雨再大，我也不后悔，信仰自己是世界上最能给自己保护的人。

第六章
和而不同的心境

　　"君子和而不同，小人同而不和"，这是孔子给我们的智慧，这个哲理在当下尤其重要。"以和为贵"是中国文化的根本特征和基本价值取向。"君子和而不同"正是对"和"这一理念的具体阐发，"和"是我们人际关系圆润的最重要的条件。"和而不同"追求内在的和谐统一，而不是表象上的相同和一致。

　　有自己的个性和特色自然是好事情，但是太有棱角，锋芒毕露往往会碰伤别人也会伤害自己。很多时候，我们需要宽容，宽容别人就是宽容自己，何必总是动气，冲别人笑笑不是很好吗？即使他是你的敌人！

圆是处世的锦囊

做一个"圆"人，并不是要我们做个虚伪的人，做个谄媚的人，做人圆润是一种智慧，也是一种境界。我们绝不是孤立地生活在这个世界上，我们只要一睁开眼睛就需要与人交往，与其做一只刺猬，刺伤别人，孤立自己，不如做一个圆润的人，体谅别人，超脱自己。

圆润是一种生存智慧。圆滑并不是什么值得羞耻的事情，很多人会鄙视圆滑的人，会躲避圆滑的人，可是我们仔细想想，你躲避的其实不是圆滑，而是狡猾。圆滑不一定就是虚伪，圆滑也不是恭维，圆滑更不是所谓的谎话连篇。真正的圆滑是一种处世哲学，它告诉我们要宽容身边的人，要善待身边的人，我们从不故作真诚地揭开别人的伤疤；我们从不直接地批评某一个人；我们不喜欢嘲讽别人……我们善于表扬别人的优点，发现别人的长处，我们总是鼓励别人，也许很多人长得并不美，但是我们要积极地发现她的美。也许一个人的优点并不多，我们要积极地鼓励她的优点。

我们不是生下来就学会了与别人如何交往，很多时候我们需要不断地去碰触去尝试，有时候你发现你的一句温暖的话竟然让一个人精神焕发，那么我们为什么不让他快乐；有时候我们发现我们一句不经意的话，就让别人一天都不自在，工作都很难进行，我们为什么不能多注意自己，不要伤害别人；有时候我们真的生了气，我们无法想象这个人怎么能这样对我们。所以我们选择毫不保留地发泄，但是最后我们发现，事情变得越来越糟，我们变得更加郁闷……是的，圆滑不是我们要故意这样做，而是在与人交往的过程中，我们发现，圆滑可以帮助我们很好地解决一些事情，圆滑就像是润滑油，让双方都变得和谐。

圆滑的人际关系是你对别人好了别人也会对你好，你能关爱别人，别人也会关爱你。

小时候去乡下姥姥家玩，姥姥给了我一个石榴，吃完后我随手将它的核扔在了小院里。几天后，它居然发了芽，于是我拜托姥姥好好照料它。

不经意间十几年过去了，我再去姥姥家时，发现院中多了一棵结满硕果的石榴树。姥姥告诉我这就是我当年随手撒下的种子。我真的惊奇了：一粒种子是这么小，但它的力量却这么的无限，居然长成了大树，还结出了无数的果实。

其实人生也是一样，你在心灵里播下了怎样的种子，就将收获怎样的人生。朋友也是如此，你怎样爱别人，别人就会怎样来爱你。

圆滑的人需要一双发现美的眼睛，能时刻发现别人的美丽之处。很多人总是喜欢看别人的缺点，总是无法很好地去发现别人的优点，并且很多时候还很喜欢直白地说出别人的缺点，其实这一点是非常不好的，很多时候我们觉得别人美，别人才能觉得我们美，任何人都不缺少美，只是很多人没有发现而已。

圆滑的人需要宽容的心态。宽容是什么，很多时候就是一种理解，我们要理解别人，站在别人的角度上去看问题，那么这个人的很多举动就会让我们觉得合情合理了，只有这样我们才能把人际关系搞得更加和谐，因为人与人之间总存在许多不可直说的微妙关系——你所想的，也许正是别人所想：你所需要的，也许正是别人所需要的。凡善取"外圆"之道者，即成；凡背离"外圆"之道者，即败。

圆滑的人必须学会冷静。不要急于表达自己的想法，不要急于去做出头鸟，很多时候你要说的话，你要做的事，其实很多人都可以，为什么别人没有做，不是不会做，或者不敢做，而是他们在考虑，话到底怎么说才能让人更加容易接受；事情要怎么做才能更加两全其美。所以要做一个圆滑的人，必须遇事冷静思考。很多时候，我们的第一反应往往是错误的，或者是欠妥当的，我们为什么不再思考一下，也许就是因为你的那一点点思考，本来不愉快的事情会变得光明和美好，本来要变遭的心情会一下子开朗起来！遇事多思考，才能少走弯路，少说错话，少做错事。

小夏是一个做事直爽的人，很多时候有什么就说什么，非常直白。有一回，公司来了个新人，是个女孩子，这个女孩子有一个很不好的习惯就是喜欢吃零食，上班的时候，经常自己偷偷地吃，小夏非常讨厌上班吃东西的人，不仅影响了别人的情绪，还破坏了公司的卫生环境，而且一个女孩子经常偷偷地吃东西实在不是很好。于是小夏就当着办公室人的面对那个女孩子说："我觉得上班偷吃东西的人，多半修养不好，你这样做不大好，希望你以后别吃了，你从小就有这样的习惯吗？"女孩子听了之后觉得非常没有面子，最后红着脸走出了办公室，在以后的日子里，那个女孩子再也没有和小夏主动说过话。

其实小夏是好意，可是由于方式不对，结果事情变得很糟，影响了他与同事之间的关系，所以很多时候我们需要考虑得再多一些，找到一个最好的解决事情的方式。

生活禅理

圆润是一种伟大的智慧，只有正确认识圆润才能让我们的生活更加和谐。做一个热爱别人的人，做一个不轻易伤害别人的人，做一个不断地发现美的人，只有这样，我们的生活才能更加美好，只有这样，我们的人生才能更加和谐，让我们真正地掌握人生圆润的妙处，做一个人际交往中的智者。

包容，人生最高的智慧

做人还有一个快乐的法则：要有宽容心。能宽容、体谅别人，表现出的是你良好的修养和美德，会增添你的魅力，使你显得更可爱。容忍和体谅虽不如热情的感染力似疾风骤雨，但却仿如丝丝春雨，能滋润人的心田。要学会换位思考，多从别人的角度考虑问题，这样你就更能宽容别人。你不宽容别人，实际上就是在自己找罪受。只有抱持宽容心生活在这个世界上的人，才是最幸福的人。

宽容可以化解危机，让大事化小，小事化了。体谅别人，宽容他人，自己才能得到幸福，有时候宽容他人就是解放自己，宽容他人，别人快乐了，你也就快乐了。同时我们必须要知道，人都是聪明的，宽容是有感应的，很多时候正是因为宽容，让一些坏的事情开始往好的方向发展。

在我读小学时，有一件发生在我的邻居姐妹俩身上的小事，给我留下了深刻的印象，直至今天都难以忘怀。

当时人们还在烧蜂窝煤。倒垃圾时，清洁工人拖着装垃圾的车，摇着铃走进我们住的大院，于是家家户户都端着垃圾出来倒。恰巧这姐妹俩住一楼，楼上倒垃圾的都要经过她们家，这样免不了就有些煤灰撒在门口。那天倒垃圾的清洁工又来了。姐姐回来后，发现家门口有很多煤灰，她扫的次数实在太多了，这次终于忍不住了，就骂起来。她骂得很凶，也很难听，结果那个不小心撒了煤灰的人，终于忍不住了，就跳出来与她对着吵。

正吵得热闹，妹妹回来了。我想这下有戏看了，两个吵一个。谁知妹妹见姐姐在与人吵嘴，不仅没有帮姐姐吵，反而一个劲地推姐姐回去，说："左邻右舍的，有什么好吵的？别人也不是有意的。你有吵的时间早就可以将煤灰扫干净了。"将姐姐推进去后，她就拿出扫帚开始扫起来。我在一旁看着看着，突然觉得她很美、很动人。这是发生在我读小学时的事，到现在我都还有印象。以后我在倒垃圾时都尽量小心，不要撒在了她家门口。不仅我这样，我发现别人也都如此。

因为妹妹的宽容感动了大家，感化了所有人，所以垃圾的事情反而迎刃而解，吵吵闹闹反而会让人们无法接受。宽容是一种胸怀，一种睿智，一种乐观地面对人生的勇气。

"不责小人过，不发人阴私，不念人旧恶，三者可以养德，也可以远害。""处世让一步为高，退步即进步的张本；待人宽一分是福，利人是利己的根基。"这两句话说的是做人的基本原则：我们不能总是苛责别人犯下的错误，不要总是揭别人的伤疤，更不要对他人的过去和旧仇耿耿于怀，如果能做到这三点，我们不但可以修养自己的品德，也可以避免遭受意外的灾祸。为人处世要懂得谦让，要懂得适时地退一步，很多时候退就是进，因退而进。

宽容是一种生存的智慧、生活的艺术，是看透了红尘以后所获得的那份从容、自信和超然。退一步海阔天空，忍一时风平浪静。这两句话无非就是告诉我们大家：做人要豁达和宽容。智者能容。越是睿智的人，越是胸怀宽广。因为他洞明世事、练达人情，看得深，想得开，放得下；仁者能容。富有仁爱精神的人，也必是宽容的人。他心存着"老吾老，以及人之老；幼吾幼，以及人之幼"这样的一种观念。因为宽容的受益人不只是被宽容者，更主要的是自己，宽容别人就是解放自己。如果我们远离嫉妒与怨恨，也就远离了痛苦、心碎、绝望、愤怒和伤害。宽容能驱散生活中的痛苦和眼泪，它能传播心灵的快乐和微笑。宽容盛产幽默，它能减少人生的沉重感，让人生充满快乐和欢笑。

能宽容，才能发展壮大。"开口便笑，笑古笑今，凡事付之一笑；大肚能容，容天容地，于人何所不容。"这是一种气度与胸怀！也是大家风范的一个标志。宽容是成为一个大人物必备的素质，也是一种美好的品德，是令人肃然起敬的优秀品质。

诸葛亮刚刚被刘备请出来的时候，虽然得到了刘备的器重，称得上"如鱼得水"，但关羽和张飞兄弟却不那样看，并没有把诸葛亮放在眼里，对他的能力也有所怀疑。因此，在曹兵突然来犯时，兄弟俩便"鱼"啊"水"啊地对诸葛亮冷嘲热讽，诸葛亮呢，则是胸怀全局，毫不在意，仍然器重他们。结果新野一战大获全胜，使关、张兄弟佩服得五体投地。我们可以设想：如果诸葛亮没有一颗豁达宽容之心，当初也跟他们一般见识，势必造成将帅不合，人心分离，哪能有新野一战和以后更多的胜利呢？

清朝康熙年间有个大学士名叫张英。一天张英收到家信，说家人为了争三尺宽的宅基地，与邻居发生纠纷，要他用职权疏通关系，打赢这场官司。张英阅信后坦然一笑，挥笔写了一封信，并附诗一首：千里修书只为墙，让他三尺有何妨？万里长城今犹在，不见当年秦始皇。家人接信后，非常懊恼，也非常羞愧，主动让出三尺宅基地。邻居见了，非常的感动，同时也不断地反省自己，他也主动相让。结果成了六尺巷，这个化干戈为玉帛的故事流传至今。

我们常常说"和为贵"，这些道理指导了我们中华民族几千年，蕴含着无穷的哲理。正所谓"家和万事兴"，"和气生财"，我们都渴望拥有一个和睦的家庭，渴望拥有一个愉悦的工作氛围，渴望拥有和谐的人际关系。因此，这就需要我们在与家人和同事相处时，拥有一颗宽容之心。大家能在一起生活，在一起共事是一种缘分。每天朝夕相伴，生活中工作中难免会遇到分歧，说话过程中也许会有磕磕碰碰的时候，我们都应该坦然面对，不能斤斤计较，正所谓"一笑泯恩仇"，何况我们所涉及的事情根本谈不上是什么恩仇！

宽容别人就是宽容自己，做一个宽容的人，生活才能更加幸福，人生才能更加美丽，人无完人，连我们自己也不能保证我们是毫无挑剔的，那么为什么我们不能宽容别人呢？

生活禅理

"海纳百川，有容乃大。"生活有许多事我们都要当忍则忍，能让则让。忍让和宽容不是懦弱胆小，而是关怀，是体谅，是给予，是奉献，是智慧，是品质，是气度，是境界。一个人经历一次忍让，就会获得人生的一次亮丽，经历一次宽容，就会打开一道爱的大门。

学会与不喜欢的人打交道

与自己喜欢的人在一起总是很快乐，但是生活中总有我们不喜欢的人，而且不是你能完全避免的，很多时候我们需要与他们打交道，合作，难道我们真的要拒绝么？这个时候智慧最重要，让我们学会与自己不喜欢的人打交道。做到了这一点，你就是一个值得为之称赞的人。

我们总是喜欢和我们喜欢的人在一起交往，而对于不喜欢的人，或嗤之以鼻或敬而远之，甚至横眉冷对，总是无法正确对待他们。人各有好恶，无可厚非，但是如果我们由着性子来会对我们的生活和工作带来很多不好的影响，我们必须学会和我们自己不是很喜欢的人好好相处。

要想做到好好相处，必须找出事情的症结在哪里，你为什么特别讨厌一个人，是因为他的长相，处世方式，还是仅仅是一种任性的选择？你只有知道自己为什么讨厌这个人，才能去化解矛盾。

某公司的小张，和那个没多大本事却喜欢管这管那的主管领导搞不好关系。小张特别讨厌他，觉得他没有能力，却喜欢指手画脚，简直像是小丑一样。于是小张对主管不屑一顾，甚至很多时候都和主管对着干，心里的厌恶感特别强烈。但是如果这样长期下去，肯定会影响自己的工作，于是他试图去寻找根源。最后发现这一切来源于自己对父亲的叛逆情绪。原来他有一位懦弱而专制的父亲，从小深受父亲严厉管教和责罚之苦，于是在成年之后他会不自觉地把对父亲的愤怒"转移"到具有类似特点的领导身上。找到了问题的原因，小张和领导的关系改善多了，不久升职了。

很多时候，我们产生抵触情绪可能是因为我们没有得到，而别人得到了，所以我们开始在潜意识里嫉妒，因此影响了我们的情绪。比如，蒙蒙是个非常传统的女孩子，很少主动和男同事说话，不仅如此，她也很讨厌那些总是和男人打情骂俏的女同事，不愿意和她们交往。但是通过一个心理测试发现，她的内心其实非常渴望得到更多异性的爱和关注，只是她一直深深压抑这个欲望而已。所以当她看到别的人得到的时候就心生嫉妒，导致了她对其他人的讨厌。

在知道了自己讨厌别人的根源以后，我们就能更加公正地对待别人，不再总是心存偏见，其实人际交往是相互的，很多时候，你不喜欢别人，别人也不再喜欢你，你对别人怎么样，别人也会对你怎么样。我们要理性地对待自己不喜欢的人，很多时候也许是你自己的问题，那个人只是恰好无辜地成了你的情绪发泄对象而已。我们要学会"对事不对人"，只有这样才能建立健康的人际关系。

人际关系的复杂与微妙就在于你时常要与不喜欢的人保持和谐的关系，这的确不是一件容易的事情。因为在我们的周围总有许多自己不喜欢的人，但为了维持良好人际关系的局面，我们不得不去寻找和探索与不喜欢的人相处的技巧。

真诚地对待身边的每一个人。学会和不喜欢的人相处合作做事，是一种做人智慧。人的某种本能趋势就是与自己喜欢、欣赏的人靠近，远远地躲开那些自己不喜欢、不愿意打交道的人。然而，生活中没有那么多的随心所欲，我们不再是小孩子可以随意地表达你的不满意，更重要的是我们决然改变不了那个我们不喜欢的人，这个时候不妨尝试着去了解他，去真诚地与他交往，或许你会发现除了你认为的缺点以外，他其实还是有很多可取之处的。

其实在生活中，我们也很容易碰到不喜欢我们的人，给你讲个故事，让我们来看看，哈蒙是怎么让别人消除偏见的，而存有偏见的哈斯托又是怎么面对自己不喜欢的人的。

哈蒙曾被誉为全世界最伟大的矿产工程师，他从著名的耶鲁大学毕业后，又在德国佛来堡攻读了3年。毕业回国后他去找美国西部矿业主哈斯托。哈斯托是个脾气执拗、注重实践的人，他不太信任那些文质彬彬的、专讲理论的矿务工程技术人员。

当哈蒙向哈斯托求职时，哈斯托说："我不喜欢你的理由就是因你在佛来堡做过研究，我想你的脑子里一定装满了一大堆傻子一样的理论。因此，我不打算聘用你。"

于是，哈蒙假装胆怯，对哈斯托说道："如果你不告诉我的父亲，我将告诉你一句实话。"哈斯托表示他可以守约。哈蒙便说道："其实在佛来堡时，我一点学问也没有学回来，我尽顾着实地工作，多挣点钱，多积累点实际经验了。"

哈斯托立即哈哈大笑，连忙说："好，这很好！我就需要你这样的人，那么，你明天就来上班吧！"

面对哈斯托的偏见，这时，我们所需要的不是去斤斤计较，而应尊重他的意见，维护他的"自尊心"。再比如哈斯托，虽然刚开始并不喜欢哈蒙，但是他却能尊重别人，认真听别人的解释，最终消除了误会。很多时候，我们不喜欢那个人，其实就是一个小小的偏见，当我们对别人看法不好的时候，你必须确定他确实是不好的人，如果仅仅是感觉，那么，劝你趁早打消你讨厌别人的念头，说不定你冤枉了别人。

遇到不喜欢的人，不喜欢的事情，不妨先冷静思考一下，不要太过较真，很多时候以静制动才是最佳方略。

洛克菲勒曾有一件很有趣的轶事。一天，有一位不速之客突然闯入他的办公室，直奔他的写字台，并以拳头猛击台面，大发雷霆："洛克菲勒，我恨你！我有绝对的理由恨你！"接着那暴客恣意谩骂他达10分钟之久。办公室所有职员都感到无比气愤，以为洛克菲勒一定会拾起墨水瓶向他掷去，或是吩咐保安人员将他赶出去。然而，出乎意料的是，洛克菲勒并没有这样做。他停下手中的活，用和善的神气注视着这一位攻击者，那人越暴躁，他便显得越和善！

那无理之徒被弄得莫名其妙，他渐渐地平息下来。因为一个人发怒时，得不到反响，他是坚持不了多久的。于是，他咽了一口气。他是做好了来此与洛克菲勒作斗争的，并想好洛克菲勒将要怎样回击他，他再用想好的话去反驳。但是，洛克菲勒就是不开口，所以他不知如何是好了。

末了，他又在洛克菲勒的桌子上敲了几下，仍然得不到回应，只得索然无味离去。洛克菲勒呢？就像根本没发生任何事一样，重新拿起笔，继续他的工作。

遇到对手，最重要的是不被他激怒，即使你真的很讨厌他，这个时候也要克制，因为如果你说话，或许麻烦会更多，事情更复杂。成功者每战必胜的原因，就是当对手急不可耐时，他们依然故我，显得相当冷静与沉着。当然，如果你真的不幸遇上了非常讨厌的家伙，在涉及原则性的问题上，建议你还是向下文中的林肯总统学习。

　　有一次，林肯的办公室突然闯进一位来求职的人，这人连日来访已有几个星期了。他来照样提出了老问题，要求总统给他一个职位。林肯总统说："亲爱的朋友，这是没有用的。我已经说过了，我不能给你那个职位。我想你还不如立刻回去的好。"

　　那人听了以后变得恼羞成怒，很不客气地大声说："那么，总统先生，我知道你是不肯帮我忙的！"众所皆知，林肯总统的良好修养与忍耐力是著名的，但此时他真的无法再忍受了。他对那人注视良久，然后从容地从椅子上站起来，走到那人的身边，一把揪住他的衣领，拉到门外，然后重重地将门关上。

　　那人又推开门，大声吼道："把证书还给我！"林肯从桌子上拿了他的文件，走到门口，猛地一掷，再次把门关上，回到原位。对此事的处理，总统在当时以及事后始终没有说一句话。

　　很多时候对于我们讨厌的人，也不能一味地忍让，也许那会让他得寸进尺，而且人总是有底线的，打破了底线就是对我们自尊的伤害，这时候，也许挺身回应才是最好的选择。

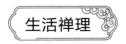
生活禅理

　　面对我们不喜欢的人，和不喜欢我们的人，我们都要学会智慧处理，很多时候，人与人之间就是磨合，就是慢慢地把自己的棱角磨去，冷静对待身边每一个人，公正地对待我们喜欢或者不喜欢的人。

懂得感恩，懂得回报

感恩的心和惜福的心正是一个人快乐的源泉，人应该懂得感恩，应该懂得珍惜你所得到的一切。与其追求我们想要的东西，不如感恩我们现在所拥有的一切。感恩是一种处世哲学，也是生活中的大智慧。一个智慧的人，不应该为自己没有的斤斤计较，也不应该一味索取和使自己的私欲膨胀。学会感恩，为自己已有的而感恩，感谢生活对你的赠予，这样你才会有一个积极的人生观，才能保持快乐心态。

有一首歌，感动了我们的心，召唤了我们的感恩情怀，歌词是这样的：

我来自偶然，像一颗尘土，
有谁看出我的脆弱，
我来自何方，我情归何处。
谁在下一刻呼唤我？
天地虽宽，这条路却难走，
我看遍这人间坎坷辛苦，

我还有多少爱，我还有多少泪，

要苍天知道我不认输？

感恩的心，感谢有你，

伴我一生，让我有勇气做我自己；

感恩的心，感谢命运，

花开花落我一样会珍惜。

　　这首歌传唱大江南北，并且经久不息，其原因就是，这首歌碰触到了我们内心最柔软的部分，是因为这首歌告诉了我们一个最基本的人生智慧。感恩是一种大财富，只有懂得感恩图报的人，他的人生才能变得丰盈而美丽，只有懂得感恩的人才能感受到世界的温暖，才能在寒冷的时候不失去信念，感恩让我们的人生更加美好！中国是一个懂得感恩的国度，古往今来，感恩的佳话特别多。

　　结草与衔环都是古代报恩的传说，出自《左传》。前者讲一个士大夫将其父的爱妾另行嫁人，不使殉葬，爱妾已死去的父亲为替女儿报恩，将地上野草缠成乱结，绊倒恩人的敌手；后者讲有个儿童挽救了一只受困黄雀的性命，黄雀衔来白环四枚，声言此环可保恩人世代子孙洁白，身居高位。后将二典故合成一句，比喻受人恩惠，定当厚报，生死不渝。明朝冯梦龙在《醒世恒言》中写道："大恩未报，刻刻于怀。衔环结草，生死不负。"

　　感恩我们生命的每一天。每天你从外边走回家，你会发现无论你回来多晚，那扇门总是为你开着；走在路上，有冲你打招呼的草儿……我应该好好珍惜，去扩展自己的内心，将自己对生活的热情传给他人。你并不需要感谢特定的某人，因为你可以感谢生活！感谢今天又是新的一天。一位怀有感恩之心的朋友常常跟我说，当你每天醒来时，应该这样想："我真是个幸运的家伙！我要常怀善心，要积极地帮助别人，而不要对别人恶言相向。"

对一切都要心怀感激，包括不幸。即便生活误解了你，使你遭遇挫折与打击，你也要心怀感恩。你不是去感恩这些伤心的遭遇（虽然这也使你成长），而是去感恩那些一直在你身边的亲人、朋友，你仍有的工作、家庭，生活依然给予你的健康和积极的心态等。我们会发现，生病的时候，会有关切的眼神，不开心的时候会有关爱的问候，我们不如意的时候会有朋友的鼓励，苦难又算些什么呢？这么多人都愿意陪我们一起度过，我们何惧风雨呢！

学会把你的感激说出口，表达感激。中国人总是不善于表达，总是喜欢把事情埋在心里，可是很多时候我们需要把自己的感激说出口，让别人知道。生活中，不要把你的家人、朋友、健康、教育等这一切当成理所当然的。它们都是你回味无穷的礼物，所以我们要时常告诉他们我们内心的感激，我们要不吝啬于我们的语言，让生活因为我们的感激而变得欢笑不断。

一名成绩优秀的青年去申请一个大公司的经理职位。他通过了第一级的面试，董事长做最后的面试，作最后的决定。董事长从该青年的履历上发现，该青年成绩一贯优秀，从中学到研究生从来没有间断过。董事长问："你在学校里拿到奖学金吗？"该青年回答："没有。"董事长问："是你的父亲为您付学费吗？"该青年回答："我父亲在我一岁时就去世了，是我的母亲给我付的学费。"董事长问："那你的母亲是在哪家公司高就？"该青年回答："我的母亲是给人洗衣服的。"董事长要求该青年把手伸给他，该青年把一双洁白的手伸给董事长。董事长问："你帮你母亲洗过衣服吗？"该青年回答："从来没有，我妈总是要我多读书，再说，母亲洗衣服比我快得多。"董事长说："我有个要求，你今天回家，给你母亲洗一次双手，明天上午你再来见我。"该青年觉得自己成功的可能很大，回到家后，高高兴兴地要给母亲洗手，母亲受宠若惊地把手伸给孩子。该青年给母亲洗着手，渐渐地，眼泪掉下来了，因为他第一次发现，他母亲的双手都是老茧，有个伤口在碰到水时还疼得发抖。青年第一次体会到，母亲就是每天用这双有伤口的手洗衣服为他付学费，母亲的这双手就是他今天毕业的代价。该青年给母亲洗完手后，一声不响地把母亲剩下要洗的衣服都洗了。当天晚上，母亲和孩子聊了很久很久。第二天早上，该青年去见董事长。董事长望着该青年红肿的眼睛，问道："可以告诉我你昨天回家做了些什么吗？"该青年回答说："我给母亲洗完手之后，帮母亲把剩下的衣服都洗了。"董事长说："请你告诉我你的感受。"该青年说："第一，我懂得了感恩，没有我母亲，我不可能有今天。第二，我懂得了要去和母亲一起劳动，才会知道母亲的辛苦。第三，我懂得了家庭亲情的可贵。"董事长说："我就是要录取一个会感恩，会体会别人辛苦，不是把金钱当做人生第一目标的人来当经理。你被录取了。"

这个青年在以后的工作中非常顺利，因为他明白了什么是感恩。在生活中，学会感恩的人是幸福的人，学会感恩，你能看见人生中很多美好的事情，学会感恩，你能去认真地站在别人的角度去思考问题，这时候你会发现，生命会因此变得很美好。

生活禅理

　　学会感恩是一种大的智慧，知道感恩的人才能爱别人，爱生活，才能体会到人生的妙处。感恩，是结草衔环，是滴水之恩涌泉相报。感恩，是一种美德，是一种境界。感恩，是值得你用一生去等待的一次宝贵机遇。感恩，是值得你用一生去完成的一次世纪壮举。感恩，是值得你用一生去珍视的一次爱的教育。

凡事留有余地

　　在通常情况下，留有余地就是在事情出现偏差后留有回旋的空间，"利不可兼尽，福不可享尽，势不可用尽。"这是说，我们在生活中要给自己留有余地，做事情不能做绝了，以备不时之需，唯有如此，我们才能有更多的退路，前进的道路也会更加宽广。

留有余地就是留有生路。有句俗谚："人情留一线，日后好见面。"其实很多事情都一样，最好能留有余地，否则，日后会后悔莫及，天衣无缝有时候并非好事。

正所谓狡兔三窟，做什么事情只有给自己留有后路，只有做好多种选择，才不至于问题来的时候束手无策。我们都知道，裁缝匠最忌讳把衣服裁瘦了，因为衣料瘦了无法再肥；下厨做饭的人都知道，做菜时先少放点盐，因为味道淡了还可以补盐；雕刻师做面部雕刻时，往往把眼睛刻得小一点，鼻子刻得大一点，这些都是为了进一步完善时，留有修饰的余地。

做人做事也是一样，要留有余地。然而，我们在现实生活中，经常会遇到把话说满，把事做绝的事情。夫妻之间吵架动辄说："这日子没法过了，离婚！"朋友同事之间有摩擦往往说："咱们从此一刀两断，誓不两立！"很多时候我们总是没有给自己和别人留下回旋的余地，这个时候很容易把我们自己逼上绝路。

一位上司经常对下属拍桌子瞪眼，嘴上常挂着三句话："你是干什么吃的？！""你还想干不想干了？！""两条腿的蛤蟆不好找，两条腿的人到处都是，不好好干下岗走人！"没想到他的一位下属被破格提拔成了他的上司，弄得这位上司很尴尬，因以往过重地训斥过该下属而被迫辞职，另谋他就。

还有一位下属，接到了一项艰巨的任务。他的上司知道这项任务的困难所在，想详细地向他介绍一下，可他夸下海口说："包在我身上，保证三天完成任务。"一个月过去了，也没听到任何动静，上司问他任务办得怎么样了？他才不得不说："事情不像想象的那么简单。"虽然一切都在上司的预料之中，但对这位下属轻易拍胸脯的作风却大为反感。

任何事情都不会那么简单，所以无论说话还是做事，都要为自己留下余地，这样在日后才能有退路。很多时候，话说得过了，自己都不好意思了。做人做事要留有余地，留三分余地给别人，就是留三分余地给自己。留有余地，就不会把事情做绝，就可以从容转身；不留余地，好比棋弈的残局，即使没有输，也无法再走下去了。

在某地的乡村公路边有很多柿子园。金秋时节，这里随处可见农民采摘柿子的忙碌身影，但是，采摘结束后，有些熟透的柿子还没有被摘下来。这些留在树上的柿子，成为一道特有的风景。一些游人经过这里时，都会说，这些柿子又大又红，不摘岂不可惜。但是当地的果农则说，不管柿子长得多么诱人，也不会摘下来，因为这是留给喜鹊的食物。

是什么使得这里的人有这样一种习惯呢？原来，这里是喜鹊的栖息地，每到冬天，喜鹊都在果树上筑巢过冬。有一年冬天，天特别冷，下了很大的雪，几百只找不到食物的喜鹊一夜之间都被冻死了。第二年春天，柿子树重新吐绿发芽，开花结果了。但就在这时，一种不知名的毛虫突然泛滥成灾。那年柿子几乎绝产。从那以后，每年秋天收获柿子时，人们都会留下一些柿子，作为喜鹊过冬的食物。留在树上的柿子吸引了许多喜鹊到这里度过冬天，喜鹊仿佛也会感恩，春天也不飞走，整天忙着捕捉树上的虫子，从而保证了这一年柿子的丰收。

给别人留有余地，往往就是给自己留下了生机与希望。为喜鹊留有余地，也保证了庄稼的丰收，留有余地无论对自己还是对别人都是有利的。

在日常生活中，有很多人总是为了自己的利益在别人背后放冷箭，中伤别人，因此伤害了很多人，但是他从来没有想过自己遭遇困难的时候应该怎么办，所以当他真的落水的时候，没有一个人愿意救他。

做事情要把握一个度，过了自然会伤害自己也伤害别人，尤其是我们不能把身边的人往绝路上逼，很多时候留有余地只是举手之劳，留有余地才能达到双赢的效果，我们又何乐而不为呢？

生活禅理

说话办事要给自己留有余地，要使自己行不至于决绝，言不至于极端，以便日后更能机动灵活地处理事务，解决复杂多变的社会问题。同时，也给别人留有余地，无论在什么情况下，都不要把别人推向绝路。这样一来，对己对人都有好处。真正的打败对手不是让其消失或者将其逼向绝路，而是将其变成自己的朋友。这是一种生存的大智慧，也是一种豁达，这就需要你凡事都给别人留有余地。

第七章
生活应当有所改变

　　生活不紧不慢地走着，日子越过越淡，犹如冲了太多次的茶水，色已白，味已淡，没有惊喜，波澜不惊，春天来了，见到第一朵花开也不觉得惊喜，感官都迟钝了。说好的聚会被无限期地往后推，每个人都缄默着表示赞同。偶然间翻出新年计划，莞尔：我要求自己要开心地过今年的每一个日子，我答应自己春天要去爬一座山，夏天要去看那片熟悉的海，秋天要去摘橘子，冬天要过一个暖冬。我本来给过去的一年作了个完美的计划。

　　骨节在咔咔作响，既然已经厌倦了同一个坐姿，那就换换吧，做个小小的改变，心情会变得新鲜。熟悉的风景用心细看，会发现别有洞天。

宁静的余荫

生活需要有宁静的时刻来供我们思考，我们要学会在生活的喧闹中始终把握住自己，始终不丢失自己。

社会的进步，经济的发展，科技的飞跃，这一切代表着现代文明的伟大的东西非但没有让我们感觉幸福，反而使我们的生活充满了烦闷，人们不禁思考：这到底是为什么？的确，社会在不断前进，也更加文明了。然而文明社会的一个缺点就是人与人之间的关系日渐淡薄，其结果便是许多人陷于世俗的泥淖而无法自拔，追逐外在的利益而忘了什么是真正的美。新的社会有了更多让我们丧失自我的东西，比如金钱的诱惑、权力、虚荣，这一切都让我们无法自由生活，让我们生活得非常累。是非、成败、得失让人或喜或悲、或惊或诧、或忧或惧，一旦欲望难以实现，一旦所想难以成功，一旦希望落空成了幻影，我们就会尝到前所未有的失败感和空虚感，甚至我们无法找到自己的方向，我们渐渐失去了自我，失去了内心最原始的平衡！

佛家认为：宁静来自内心，勿向外寻求，放下过去的烦恼，不担忧未来，不执着现在，你的内心就会平静。使人真正快乐的东西不会是短暂的成功，更不会是物质的刺激和享受，任何不长久的东西都不会让我们的心灵保持平静和温暖。我们追求的是长久的安宁而非片刻的欢愉，一时的欲望的满足，往往会带来更深的失落。那么什么东西才能让我们保持内心的安宁呢？让我们来想一想，是的，内心的安宁需要自己给予，任何安宁都不是外界给予的，不是外人可以给你的，安宁感来自心灵，获得安宁的方法也来自我们自身。我们要学会不忌妒，只有希望别人好，才能更多地体会到友情的快乐。我们要不虚荣，任何时候都要守住自己，盲目地追求那些本来不属于你的东西，往往事与愿违，我们会得到更多的失落。

两个和尚师徒二人外出化缘，遇到一个女子在河边踟蹰不前。师父上前问道："女施主可有难处？"那女子皱眉告之："这河水深浅不知，奴家欲去对岸而不得，师父可否帮我渡河？"师父遂低身背起这女子，涉水而过，片刻即返。二人接着赶路，又翻过了一座山，小和尚终于忍不住问道："师父，我们是出家人，不能近女色，可你居然身背一女子，这如何使得？"师父头也不回地往前头，答曰："什么女子？我早就'放下'了，为何你还没有'放下'呢？"

从这个故事我们看出，面对同样的行为，两个人的内心却完全不同，这是为什么呢？原因是他们修行的境界是不同的，师父以色为空，背得坦然，亦放得轻松；小和尚修行未到，内心深处始终无法摆脱尘世，所以无法心安理得。其实我们也大多不能免俗，心静不了，定不了，否则又哪来这么多的烦恼？人生在世，苦恼是在所难免的。并不是没有烦恼我们的内心就平静了。我们应该知道，内心的宁静是不可缺少的，宁静的内心能够洞察自己的想法，宁静的心不惧怕困难，懂得如何保持自在之心，懂得消解烦恼，这样的人就属于会生活的人，生命只属于这种人。很多时候我们必须要找到症结到底在哪里，才能找到良药。那么内心烦躁的本源还是来自我们的内心深处，是我们的心动了。当我们不再忙忙碌碌，也不再为一些表面的目的而操劳，自然就会在自己的心里遇到"平和"，可见"平和"不是外在的，而是藏在人们心里的，其实不用急着去找它，只要安静地去发现就可以了。"小隐在山林，大隐于市朝。"那些所谓的隐士看破红尘隐居于山林时只是形式上的"隐"而已，而真正达到物我两忘的心境，反而能在最世俗的市朝中排除嘈杂的干扰，自得其乐。很多人为了寻找内心的宁静想尽办法，他们试图让自己远离尘世和人群，像陶渊明那样，躬耕于南阳，远离世间俗物，然而真正能像陶渊明那样完全脱离俗世的并不是很多，更多的人只是流于形式。

让我们的内心感受到美丽和绚丽的往往不是五颜六色的世界，而是一些很简单的东西。如果用宁静的心去观照，没有什么不是美丽的风景，宁静淡然的心，就是快乐世界。内心是否平静，取决于我们的修养程度。于繁华时，求淡然，收心养性，宠辱不惊，看庭前花开花落，去留无意，望天空云卷云舒。世事沧桑，瞬息万变，用一种淡然的心态对待就好。淡看云卷云舒，是一种难得的心境，一种苦其心志后的淡然，一种历尽沧桑后的从容，更是一种"采菊东篱下，悠然见南山"的悠然。淡泊名利，宁静致远。来去随它，去留无意，这些都不重要了，重要的是有种淡然宁静的心态，一种闲庭信步、淡看云卷云舒的感觉。正如"缘来惜缘，缘去随缘"的感悟，万物皆自然，我心本无心。又如"命里有时终须有，命里无时莫强求。"一切随缘，一切淡然。一切淡然足以挥洒一切，从此不再心神不宁，从此便有了不以物喜，不以己悲的心境。淡看云卷云舒，是一种超脱物外的感觉，是一种与世无争的心态。面对纷乱无章的世事，我想，我们所能做的，只需保持一份淡然，一种淡看云卷云舒的心境即可。

人生漫长，我们需要走很多的路，我们总会遇到这样或者那样的挫折，任何人都不可能一帆风顺。人的一生充满了变数，在数十年的生命长河中，我们始终无法预料我们到底会碰到什么，与其愁眉苦脸，不如坦然面对。无论你是贫穷还是富贵，无论你是丑陋还是俊美，于逆境中都不要丢失自己内心的宁静。因为，没有跌宕起伏的经历，就不会有多姿多彩的人生；没有痛彻心扉的撕裂，就不会有如花的笑靥。生命之所以精彩就是因为我们的生活充满了未知和挑战，就是因为生活无法按照我们规定的模式来发展，时不时会让你大吃一惊，让你眼前一亮！惊涛拍岸，卷起千堆雪，可是岸，仍然是那么宁静，它淡然观望着变幻不定的海洋，浪奔浪留，只有它仍然在那里。

生活的快乐来自内心的宁静，而非外界的宁静。我们要时时刻刻反观内心。内心不平和的人，是永远找不到平和的，不管他走了多远，花了多少时间。快乐的出现也是同样的道理，如果心中装着快乐，那么不用走任何一步路，都与快乐同在，如果心里本来就没有快乐，那就与快乐无缘了。一颗有智慧的心，能从世界上的每一棵树、每一只鸟那里看出真理来，同时得到恒久的快乐。

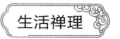

生活禅理

　　我们在生活中如果好好用心、反观自省，就能自我净化心灵，则无处不是清净之地！内心如果清净，大地一切的境界无一不是美景；宇宙之间，万物的声音无不是生命的朝气与大地的生机！

端正你的心态

　　心态是我们心理活动的状态，它对一个人的思想、情感、需要、欲望有着决定性的影响，它决定一个人对待工作、对待生活的态度。所以，很多时候生命最重要的就是端正心态，心态对了，人生就对了。

　　心态和我们的生活有着密切的关系，心态好的人有利于取得幸福的生活，然而，不好的心态往往给我们的生活带来很多苦恼。心态是否健康，在很大程度上决定你身体能否健康，决定你生活上能否美好，决定你事业上能否成功。

　　心态决定着我们的未来，是我们生活的向导，心态好，有着积极的思维模式，我们的未来才能更加幸福和顺利。不同的生活就有不同的心态，不同的心态也就有不同的生活。所以要想生活幸福，就要端正你的心态。

狄更斯说："一个健全的心态，比一百种智慧更有力量。"由于心态能左右一个人的一切，所以，无论情况好坏，都要抱着积极的心态，莫让沮丧取代希望。生命可以价值更高，也可以一无是处，关键是看一个人的心态如何。一个人有什么样的心态，便有什么样的生活。

甲乙二人死后来到阴曹地府，阎王查看过功过簿后说："你二人前世未做大恶之事，准许投胎再世为人。"甲乙二人喜出望外。阎王又说："但是现在只有两种人可供选择：付出的人与索取的人。"甲问："什么是付出的人？什么是索取的人？"阎王回答说："付出的人就是那个人一生必须过着付出和给予的人生；索取的人就是那个人一生只负责索取和接受。"甲暗想，索取、接受就是坐享其成啊，于是抢先答道："我要过索取、接受的人生！"乙见此情景，也没有别的选择，就表示甘愿过付出、给予的生活。阎王又告诫道："你们二人要慎重选择，一旦选择，就不能更改。"二人点头允诺不改，阎王当下判定二人来世前途："甲想过索取、接受的人生，下辈子当乞丐，整天向人索取，接受别人施舍；乙愿意过付出、给予的人生，来世做富人，布施行善，帮助别人。"

我们只有建立起正确、积极的人生观、价值观，以积极、健康的心态对待生活、工作，才能获得健全又有高品质的生活。良好的心态就像是庄稼的肥料，只有肥料足了，庄稼才能很快成长，结出果实，我们才能有收获。如果我们不能在生活中投以积极乐观的心态，那么生活也很难给你一个满意的答复。

爱因斯坦上学的时候，一次老师让大家做小板凳。交作业的时候，爱因斯坦拿出的却是一个做得很糟糕的小板凳。老师不高兴地对他说："还有比你这个更难看的板凳吗？"爱因斯坦小声说："有的。"然后，他慢慢地从抽屉里拿出两个更难看的小板凳，对老师说："您手里的那个是我做得最好的一个了。"一个人对待一件事情的态度比他是否做好了这件事情更重要。在任何一件事情上，不管自己是否喜欢和擅长，只要我们用的是拿出"第三个小板凳"的心态，就会成功。

做一个乐观的人，端正我们的心态，让良好的心态成为我们生命中最明亮的星星。积极的心态像太阳，照到哪里哪里亮；消极的心态像月亮，初一十五不一样。积极的人总是能考虑到事物良好的一面，从而不断努力克服困难；消极的人总是看到生活困苦的一面，始终无法微笑着对待一切。人在某一瞬间的心态要么是正向的，要么是负向的，正向的心态让你心情愉悦，办事顺利，走向成功；而负向的心态则会让你害怕恐惧，悲观失望，走向失败。

有一个老板，在工地上有意问他的两个员工："你们每天在工地上干活，有什么感想？"一个工人看看眼前的高楼兴奋地说："又一座高楼即将从我的手中诞生，我感到自豪！"另一个工人神情沮丧地说："唉，每日每夜地重复这种劳动，我已经厌烦透顶。"老板听后没说什么，只是点点头就走了。这两个建筑工人，第一个人的心态是很积极，另一个人的心态则是消极的。后来，在公司的发展中，第一个工人被老板留下了，并获得提升，而第二个工人则被老板辞退了。在这个世界生存本来就很烦躁很疲惫，关键是你能否端正你的心态，积极地看待人生中的这种烦、累、苦，放大自己的内心，快乐地直面人生！

　　只有端正了心态，我们才能在生活的大潮中不淹没自己，才能时时刻刻保持清醒。如果能够端正好心态，很多烦心事都能慢慢化解，就会发现生活焕然一新，我们的心情也会更加愉快。在现在的社会，我们在乎的到底是什么，年龄？每个年龄段会展现出不一样的美，青春焕发活力，成熟也别有一番韵味，年龄只是个符号，不能成为一个人获取幸福的牵绊。样貌？外表的东西说到底都只不过是形式，更不能肤浅地用一个人的外貌来评判一个人的价值，美与丑不在外表而在内心。财富？谁能说一个千万富翁会比桥洞下的流浪汉更快乐，食不过三餐，眠不过一床，端正心态，使自己的内心达到平和、宁静的境界，这样的人生才能快乐。人生最大的对手不是别人，恰恰就是自己。在这个物欲横流的时代，我们和别人争的不是金钱，不是美貌，不是权力，更不是奢华，我们比的是生活的质量，是一个人幸福的程度，那么只有端正心态，我们才能在任何环境中，都幸福快乐。

生活禅理

　　要抱着积极的心态，相信自己，别让沮丧取代热情，生命的价值可以极高，也可以一文不值，就看你怎样选择，选择积极的心态去面对人生，你就会心情舒畅，你就会自信，你就会坚强，你就会渴求成功，期待成功，最后走向成功。

挣脱物质的束缚

为什么我们总是不开心？为什么我们总是徘徊在幸福的门口？为什么我们总是无法找到心灵的港湾？那是因为我们的内心不够宁静。没有任何事比内心的平静更重要了！

一个幸福的人生决然不是由金钱地位构成的，往往这些东西还会成为你幸福路上的绊脚石，让你时刻不能安宁，即使得到了也会让我们提心吊胆。反之，如果你成为一个均衡的人，成为一个真正健全的人，就会成为世界的中流砥柱，在人生路途中快乐前行。只要跟随内心的呼喊，你的生活会越来越平顺，感受到一种圆满。你将不再恐惧任何事物，也不再为任何事担忧。你会清楚意识到每一个时刻，并活得充实。生活不再脱序，而你也会感到自己跟宇宙之间的联系，时时刻刻都活在当下。生命的意义并不是简单的物质享受，而是一种精神的提升和洗礼。

有一个老人一生笃信佛祖，日日积德行善，天天上香诵经。他有一件宝贝就是他念经时的佛珠，那不是一串普通的佛珠，年轻时机缘而得，得到后如获至宝每天都带在身上，由于年代久远再加上每日摩挲，佛珠颗颗光润亮泽，盛传为佛门一宝。后来有一个贼夜半入室想偷走佛珠，被老人发现了，他拼死护珠，大声呼救。小偷怕事情败露，情急之中举刀将老人杀掉，夺珠而逃，老人身中数刀不治而亡。众人问佛，既然我佛慈悲，为何不护其生灵却任由歹徒为非作歹，荼毒生灵。佛说："难舍身外之物，就算是佛又能奈何？"

有个富人背着许多金银珠宝去远方寻找快乐，可是走遍了千山万水也没找到快乐的踪影。一天，一位衣衫褴褛的农夫唱着山歌走过来。他的歌声中充溢着快乐，富人向农夫讨教快乐的秘诀，农夫笑着说："哪里有什么秘诀，只要你把背负的东西放下就可以了。"富人蓦然醒悟，自己背着那么沉重的金银珠宝，腰都快被压弯了，而且住店怕偷，行路怕抢，成天忧心忡忡，惊魂不定，怎么能快乐得起来呢？

小时候我们的行囊是空的，因此轻松，所以快乐。但在成长的岁月，一路风景，一路拣拾，行囊渐渐变得沉重，快乐却变得越来越轻，你以为装进去的都是珍宝，可正是这些东西，让你在斤斤计较处处小心中丢失了快乐。对一个孩子来说，得到一包糖果的快乐甚至超过一个成人拥有一座城堡。一位作家说：假如你的饭量是三个面包，那么你为第四个面包所做的一切努力都是愚蠢的。因此，你不快乐是因为你背负了太多的负担，这也是由于你的欲望所致，试着放下一些超重的欲望，你就会有一个新的发现。

人生在世，今朝有酒今朝醉，何必太在意，有时候我们就要学会简单地快乐和幸福。人处逆境，身受挫折，欲哭无泪，柔肠寸断时，恨有何用？妒有何益？一死了之，不值。报复泄愤？不智。此时此刻，若真能看开，化焦躁为冷静，变颓唐为从容，那就是真正地超脱。不戚戚于名利，不汲汲于富贵，毕竟，功名利禄、金钱美色及身外之物，并非我们一生的追求，还需忍痛才行。洒洒脱脱痛痛快快地对自己说一句：功名利禄乃身外之物，生不带来，死不带去，何必看得太重？由它去吧。我们要学会享受眼前的生活，珍惜自己所拥有的一切，而不是一味索取，这才是生活真正的幸福。

一个学生去拜访师父，在路上他看到了一件有趣的事，想以此考考师父，见到师父冷不防地问了一句："为何团团转？""皆因绳未断。"师父随口答道。学生顿时目瞪口呆："你怎么知道的？"学生接着说："我在路上看到一头牛被绳子穿了鼻子拴在树上，牛想到草地上去吃草，但它转过来转过去都不得脱身。我以为师父没看见，肯定回答不出，哪知师父出口就答对了。"师父微笑着说："你问的是事，我答的是理，你问的是牛被绳缚而不得解脱，我答的是心被俗务纠缠而不得超脱，一理通百事啊！放下是一种自然的状态，我们都可以做到，它取决于我们自身，旁人对它没有管辖权。人的天性就是渴求快乐，避开烦恼的，这是促使我们放下的原动力；所以，要想真的明白放下的真谛，需要我们去努力，去悟，去认识，去体察存在着的快乐之道。如同小狗的尾巴，快乐其实离我们不远，一回头就可以看到，感受到。"

很多时候幸福和物质无关，当我们吃不饱饭的时候我们愁眉苦脸，当我们吃饱饭的时候我们还是觉得缺少了什么，于是我们出去旅游，看电影，可是发现我们还是不够幸福。欲望就像是大海，永远填不满。片面追求物质，那么物质带来的不是欣喜，而是一点一滴消磨意志，蚕食我们的内心，加深我们的恐惧。想要战胜它，我们要用心去感受这个世界，这样才能让我们坚强。社会的物质性越来越高，我们喜欢攀比钱有多少，楼有多高，房子有多大，车子有多好，很多人都陷入其中无法自拔。或许在他们看来，拥有金钱和财富就是拥有了幸福。其实不然，幸福和财富有直接联系，但不是唯一。一位千万富翁说："对我而言，再多一个亿和多几百元钱没有什么区别，当财富足够生活所需后，它已经不是一个人追求的最终目标了。能够支撑我不断前进的主要原因，是追求和奋斗过程中拥有的快乐。"正是他的这种观点，使他在事业上创造了一个个奇迹。一个人追求财富的最终目的是追求生命的快乐，快乐本身是一个人内在的感觉，来自心灵的平静，而不是财富本身。接触世俗的事物，内心不被诱惑，没有忧愁，没有瑕疵，心灵安定，这是多么幸福啊！

　　所以我们要认清幸福的本质并非物质，重要的是来自内心的和谐和安宁，让我们超越物质的迷雾，在精神世界找到自己，让生命有一个安定的港湾，不再漂泊，不再孤独。

生活禅理

　　财富无法带给我们快乐和满足，财富只是种重担。以追求财富为主要生活目标的人，会给自己带来压力和疾病。他们害怕失去财富，这种恐惧感将不断产生负面的能量。

用心体会当下的生活

　　天上灿烂的太阳，地上明媚的阳光，远处花儿的芬芳，耳边孩子笑声，手机里亲人的声音，办公桌上那一杯香茶……你有太多理由让自己快乐、幸福，让自己笑，让自己手舞又足蹈。但为什么你总是孤单，依然不安，总会茫然。在这个瞬息万变的世界里，做一朵随风舒展的白云，品读当下，智慧生活，让生命变得充盈美丽。

人生苦短，细细探究，我们想要的不是名利而是幸福，若是名利代表着幸福，能让你幸福，那么我们去追逐；若是不能的话，那么我们就应该在短暂的人生中找寻那属于自己的幸福。什么是自己的幸福，那就是好好地活好现在，活在当下。

有人问一个禅师，什么是活在当下？禅师回答，吃饭就是吃饭，睡觉就是睡觉，这就叫活在当下。专心想一想当下活着的这一刻，在这一刻没有悲伤。回忆过去才有悲伤，而设想未来则引发恐惧。我们很多时候总是杞人忧天，喜欢担忧未来，总是不能认真地活在当下，细细想来，多少的未来都会成为当下，活不好当下，又怎么能要求未来呢？又有多少未来让你去等待，让你去向往？这样担忧未来的我们不算真正地活着，只是在受苦，因为我们对明天怀有恐惧，对过去感到自责。活在当下就是要放下负担，快乐地生活在此时此刻，活在当下意味着无忧无悔。对未来会发生什么不去作无谓的担心，所以无忧；对过去已发生的事也不作无谓的思维与计较得失，所以无悔。人能无忧无悔地活在当下，喜悦而不为一切由心所生的东西所束缚，两个人在昨天吵架了，在今天，他们仍然怒气相对——他们这时没有活在今天，而是活在昨天。

活在当下就是能不为过去牵绊，不为未来烦忧，好好地对待现如今你能把握的东西，唯有如此，多年以后你才会发现生命是有意义的。我们每天都在痛苦的思考着。我在过去存在，还是不存在？过去我曾是谁？我曾怎么样？后来我又曾如何？于未来将存在，还是将不存在？未来我会是谁？我会怎么样？然后我又会成为什么，变得怎么样？如果老是想自己会成为什么，变得怎么样，他就不是"活在当下"了，而是把自己凭空想象在一个未来不可知，但却如梦一般的世界里。这个梦的世界虽然美丽，但它是一吹就散，一碰就破的。"活在当下"，并非不回忆过去，不规划未来，而是专注于过程，一个过程只干好一件事情。

　　根据目前的情形作分析及整理，并对未来种种作预测及计划，这正是"活在当下"。因为这是根据"现在"的种种来评估未来，态度是实际的。一个人倘若不能体味到当下的快乐，而活在另一个自我创立的世界里，无论那个世界有多美、多好，过这种生活的人毕竟是痛苦的。因为那个世界并不是真实的。如何跨越梦与现实的鸿沟，很少人能处理得很圆满。当一个人能由自己种种的心之世界中走出来，不忧不惧地面对并观察真正的自我及人生时，他一定会是个有能力超越这个世界的人。他不一定能成大功、立大业，但他一定能恰当地把自己潜在的能力发挥出来。

　　活在当下就是不能把过去的痛苦带到现在，不能把未来的烦恼提前预支，况且该过去的不会再回来，以后的事情我们也无法预期。所以请我们简简单单地活在当下，品味当下。我们认认真真生活：每天早上起来都对生活报以微笑，我们认真地吃早饭，我们认真地穿戴出门，我们认真地对待我们烦琐的工作，我们真心冲着别人微笑，认真地说着每一句话，认真地体会每一个意味深长的眼神，我们不马虎，不自以为是，不放弃生活中每一个快乐的机会，我们可以为了天晴而开怀，我们也可以为了一朵美丽的花儿而陶醉，生活的美好处处有，只是我们习惯了忽略而已。

我们不是神仙，不是圣人，我们无法改变过去，无法安排未来，人是渺小的，很多时候我们无法扭转乾坤，我们无法普度苍生，那么就让我们把自己的生活安排好吧。其实幸福很简单，简单得像是睁开眼睛就微笑，简单得像是看见朋友就开怀……智者总是活在当下，只有那些愚昧的人才做些无用功，悔过当初，担忧未来。让我们热爱我们的生活，做一个快乐而智慧的人！

生活禅理

未来将接受更多的考验，困难如山，羸弱的肩膀扛得起吗？如果理性一点，现实一点，想一想付出的有没有回报，得到的是不是会比失去的少？看到前方荆棘密布就调头撤退，不是可以少吃点亏少走点弯路吗？是的，的确如此，但同时，那种绝处逢生的喜悦，相依为命的真情，就再也领略不到了。

或许，人只能卖力为现在而活，不看过去，不想未来，因为明天永远扑朔迷离。也许，刻意去寻找幸福时，它会转瞬间消失踪影，只剩满腹的感触与苍凉。　在现实中，我们都是卑微的小人物，会因对方有没有房子，是不是潜力股等条件来决定感情的走向。我们是丢了善与爱吗？不是，每个人心中都有美好的角落，只是我们忘了去清理它。

贵在坚持的意念

古语有言：锲而舍之，朽木不折；锲而不舍，金石可镂。从古贯今，有多少伟人并不是衔着金钥匙出生，他们的人生轨迹中充满了挫折和磨难，但他们从未放弃，终于成就其伟大，令世人赞叹。

任何事情都不是一朝一夕就可以做成的，很多时候我们要经历很多痛苦，我们要尝试很多失败，所以很多时候，成功不在于天分或者其他，更多的是坚持——一种对自己的坚守，对未来的信任。

爱迪生在发明电灯的实验中尝试了上千种材料，效果都不理想，他不能确定这一次寻找的就是合适的材料，但他依旧坚持着，他说："无论什么时候，不管遇到什么情况，我绝不允许自己有一点点灰心丧气。"最终他找到了钨丝，给人类带来了真正的光明。然而，不是人人都有恒心去试验几千种材料，因此，爱迪生只有一个。事实上，成功与平庸之间只有一步之遥，那就是：坚持。

亚伯拉罕·林肯，美国第十六任总统。他的前半生是这样的：在22岁以前，没有固定的职业，四处谋生，生活窘迫处于失业的边缘。22岁时，他尝试经商最终失败。23岁，竞选州议员，惨遭落选，想进法学院学法律，但没有获得入学资格，工作也丢了。24岁，向朋友借钱经商，年底破产，在以后的16年中，他一直担负着这笔沉重的债务。25岁，再次竞选州议员，终于当选。26岁，订婚，他以为上帝对他展开了笑颜，自己的人生终于出现了曙光，但离结婚的日子还差几个月的时候，未婚妻不幸去世。这对他精神上的打击实在太大了，他心力交瘁，数月卧床不起，后又得了精神衰弱症。29岁，身体好转后，他仍然选择从政这条路，努力争取成为州议员的发言人，没有成功。31岁，争取成为被选举人，第二次落选了。32岁，当选国会议员。34岁，参加国会大选，竞选国会议员连任，又落选了。37岁，再次参加国会大选，这次当选了！前往华盛顿特区，表现可圈可点。39岁，寻求国会议员连任，失败了。40岁，因为这次竞选他赔了一大笔钱，林肯申请当本州的土地官员。但州政府把他的申请退了回来，上面指出："做本州的土地官员要求有卓越的才能和超常的智力，你的申请未能满足这些要求。"45岁，竞选参议员，落选了。47岁，在共和党的全国代表大会上争取副总统的提名得票不到100张，又失败了。49岁，竞选参议员再次失败。51岁，当选美国总统。

爱迪生成为世界上伟大的发明家，林肯成为让世界都尊重的政治家，刚开始的时候他们并不比周围的人聪明多少或者幸运多少，但是有一点别人比不了，那就是坚持，那就是他们始终坚信，成功会来的，只是还不到时候而已。

铁杵磨成针不是笑谈，愚公移山也不是神话，很多时候我们需要有一颗耐心，有一颗不放弃的信念。一个人想干成任何大事，都要能够坚持下去，坚持下去才能取得成功。说起来，一个人克服一点儿困难也许并不难，难的是能够持之以恒地做下去，直到最后成功。当我们的人生总是出现阴雨天的时候，我们绝对不能对太阳失去信心，绝对不能失去对晴朗的渴望。人生有许多"柳暗花明又一村"的时候。曾经的失败并不意味着永远的失败，曾经达不到的目标并不意味着永远达不到，在我们的生活中总是存在着很多不如意的事情，我们要学会智慧地化解，解放自己的心灵，祛除杂念，让生活变得简单明了，当失败和伤痛来临时，我们要学会跳出生活的泥沼，寻找平坦的大陆。

很多时候，我们不仅要面对困难和挫折，还要面对来自周围人的质疑，往往困难是次要的，而别人不相信的眼神却成了我们致命的杀手。

小泽征尔是世界著名的交响乐指挥家。年轻时他参加了一次世界优秀指挥家比赛，在决赛中，他按照事先给定的乐谱指挥演奏，发现了不和谐的声音。起初，他以为是乐队演奏出了错误，就停下来让乐队重新演奏，但还是不对。他判断是乐谱有问题，于是提出了自己的质疑。在场的作曲家和权威人士坚持说乐谱绝对不可能出错，是他错了。面对一大批音乐大师和权威人士，他思考再三，最后斩钉截铁地大声说："不，一定是乐谱错了！"话音刚落，评委席上的评委们立即站起来，报以热烈的掌声，祝贺他大赛夺冠。

原来，这是评委们精心设计的"圈套"，以此来检验指挥家在发现乐谱错误并遭到权威人士"否定"的情况下，能否坚持自己的主张。小泽征尔面对权威并没有动摇，而是听从了自己内心的声音，坚持自己的判断，最终摘取了世界指挥家大赛的桂冠。

通过这个故事我们知道，很多时候坚定自己，相信自己是多么的重要，有时候往往对自己的信念成就了我们的人生，何必太在意别人的眼神，只有自己最清楚自己想要什么，想干什么，那么，让我们学会不在别人的眼中失去自我吧！

在茫茫北极的冰天雪地里，厚厚的冰面上散布着许多个冰窟窿，这是海豹的透气孔。北极熊最喜欢的食物是海豹，为了能捕获猎物，北极熊不断在这些透气孔之间徘徊，但由于它硕大的体形，海豹很容易感受到北极熊在冰面上的行动，因此它的徘徊往往徒劳无功。北极熊为了不暴露自己的目标，它停止走动，卧在其中一个透气孔旁边，因为海豹在浮出水面后很难在短时间内返回水中。但北极熊的运气并没有那么好，因为一只海豹有十几个透气孔，因此想捕到一只海豹并不是那么容易，往往需要长达一周甚至更长的等待，北极熊在这种考验中耐心忍受。通常情况下每周或十来天都能成功通过偶然的运气捕获一只海豹。

北极熊的聪明在于它掌握了事物发展的规律，它知道在成功之前要经过漫长的等待和煎熬，过程是通往结果的必由之路，只有懂得等待，并且在等待成功的时候能够承受住寂寞和磨难，才能得到自己想要的结果。

然而，坚持只是成功的必要条件，而不是成功的充分条件。也就是说，有太多太多坚持的人，依旧到不了成功的彼岸。但人生恰恰像马拉松赛跑一样，只有坚持到最后的人，才能称为胜利者。当你觉得成功在遥不可及的彼岸，内心动摇时，告诉自己再坚持一下，也许你迈出去的这一小步就成就了你人生的一大步。每个人的前途与命运，就像那只小鸟一样，完全掌握在你自己的手中。升学也好，就业也罢，创业亦如此，只要奋发努力坚持不懈，均会成功。

人的一生起伏跌宕，通往成功的路布满荆棘，要成功就要学会坚持。精诚所至，金石为开。其实这样的道理人人都懂，或者说每个人心里都有这样的信念，可是有时候我们还是失去了自我，还是半途而废。这是因为我们没有找到我们坚持的理由，我们没有为之一搏的动力，所以我们要学会为自己找到一个坚持的理由，或许是妈妈鼓励的眼神，或许是不甘一生平庸的决心，又或是朋友间一句温暖的话，总之，让我们自己在困难的时候，最想放弃的时候，我们必须要清楚，为什么我们还要坚持，因为我们的放弃往往会给爱我们的人带来伤害。

生活禅理

我们应该懂得上进，每个人都有坚持不了的时候，他们可能天天都想放弃，但他们一天天地坚持，这是因为他们有奋斗的动力，为自己找到了努力的理由！隔几天，给自己一个心理暗示，提醒自己不要放弃。别刻意让自己坚持许多事，坚持一两件就好了，否则，不是太累了吗？坚持，在每一天中，不要想明天会怎样，要把握好现在。

体会小事的宏伟之处

细节不细，小事不小，生活中我们不能漠视细节，因为细节孕育成功。在生活节奏日益加快，社会分工越来越细的今天，细节显得更加重要。从某种意义上说，生活就是由一个个细节组成的，没有细节就没有生活。

英国一位作家曾这样说道："细节是构成金字塔的一块块方石，是铺就铁路时自甘居下的一条条枕木。"我们只有关注细节，把握细节，演绎细节，才能把握人生和命运。很多时候，成功就孕育在那些最小的事情之中。

成功是人人向往的，但不是都能做到的。苏格拉底有一天给他的学生上课。他说："同学们，我们今天不讲哲学，只要求大家做一个简单的动作，把手往前摆动 10 下，然后再往后摆动 10 下，看看谁能每天坚持。"过了几天，苏格拉底上课时，他请坚持下来的同学举手，结果，90% 以上的人举起了手。过了一个月，他又要求坚持下来的同学举手，只有 70% 多的人举手。又过了一年，他又同样要求，结果只有一个人举手，这个人就是后来也成了大哲学家的柏拉图。此时的柏拉图很年轻，在学识上与后来的哲学家柏拉图相比仍显稚嫩，但已表现出一个杰出人物所具有的执着追求、坚持不懈的优秀心理素质。他在成为哲学家之前，大部分时间仍然显得平淡无奇，所不同的是在那些人们看似平淡、枯燥的重复中，柏拉图能认准目标、始终坚持。举手固然举不出一个哲学家，但是目标游移、耐不住寂寞的人是很难有大的作为的。两个同等条件的人，一个学习坚持不懈，一个学习浅尝辄止，两年以后，差别会很明显。

细节是成功的基石。所以做事要从小事做起，从点滴做起。很多时候伟人的成功之处就在于他们把握住了生活中的点滴和细节。成功并不意味着只有做一些惊天动地的大事情，最关键的还是要从小事做起，才能在平凡的工作岗位上，作出不平凡的业绩。

国内有一家药厂准备引进外资，扩大生产规模。当时，请来了外资公司来厂考察。外资代表来这家药厂考察，在进行了短暂的室内会谈之后，药厂厂长便陪同这位代表参观工厂。就在参观制药车间的过程中，药厂厂长随地吐了一口痰。外资代表清楚地看到了这个场景便马上拒绝继续参观，也终止了与这家药厂的谈判。在这位代表看来，制药车间对卫生的要求是非常严格的，作为一厂之主的厂长竟能随地吐痰，那么员工的素质可想而知！与这样的药厂合作，如何保证产品的质量呢？

小事人人会做，但小事并不是所有人都会坚持去做。成功摆在每个人面前，只要从小事做起。"一屋不扫，何以扫天下。"一个人若想做大事，就必须从小事做起。自然界中的万事万物都不是一蹴而就的，如果我们能从生活中一点一滴的小事做起，每个人都能够捡起地上的纸屑和烟头，就能净化整个大环境，这时我们便会发现成功并非难事。我们每次接到用户的电话都亲切地问一声"您好"；每次听到敲门声都说一声"请进"；有客人来说一声"请坐"……我们身边的每一件小事都将会成为我们成功路上的垫脚石。一切伟大的生活真理，一切神秘的成功秘籍，都蕴含在每天最平凡的小事之中，学习、生活的每一个细节之中。

生活禅理

　　"泰山不拒细壤，故能成其高；江海不择细流，故能就其深。"德国的建筑师卡尔说："是细节成就了一幢幢高楼，忽视细节就等于忽视自己的事业与生命。"我们要想成功，就必须注重细节。我们想成功，就必须用心体会小事的宏伟之处。

第八章
明心见性，大彻大悟

　　禅重生活意识，重人生态度，重人的精神。它是对物质世界的一种反省，对精神世界的追求与坚守。禅的最终目的是让人明心见性，摆脱物质欲望的束缚，去掉心灵的浮尘，重现澄明清静之境，让为物欲所累的世人大彻大悟，脱离对外在表象的妄想、执着，展现出自己本真的面目——一颗纯洁的赤子之心。

输事不可输心

古人云："故天将降大任于斯人也，必先苦其心志，劳其筋骨，饿其体肤，空乏其身，行拂乱其所为，所以动心忍性，曾益其所不能。"人生不如意事十之八九，无数的失败就像凸起在人生道路上的绊脚石一样，让急于赶路的我们接二连三地摔跟头。然而摔跟头并不可怕，可怕的是摔跟头后却再也没有站起来的勇气。事情输了不要紧，只要心中依旧充满自信，能够笑着掸去身上的尘土，那么，你就会继续在人生路上昂首阔步。宁可输事，不可输心，只有拥有不败心态的人，才能获得成功的人生。

人非圣贤，孰能无过？任何人都没有办法避免失败。每个人都会遇到失败。而面对失败时，有不同的心态就能产生不同的结果。在失败面前，萎靡不振的人一辈子也无法走出失败的阴影，他只能浑浑噩噩度过余生。而在失败中仍旧充满乐观热情的人，会将失败的经历甩在身后，轻装上阵，赢得成功。所以说，宁可输事，不可输心，心如果还活着，就没有办不到的事情。

　　吕克·贝松是在国际上享有盛誉的法国国宝级导演，然而，有谁会想到，他在初出茅庐之时曾遇到过无数次的失败。常常，他满怀热情拍出的作品换来的却是不佳的票房，竞争对手对自己的鄙视以及影评人尖酸刻薄的批评。在那些日子里，吕克·贝松的好友们天天为他揪着心，甚至都不敢看有关他的评论，因为他们不敢想象吕克·贝松将怎样面对这一切，他们害怕这个充满着天才创意的年轻导演从此一蹶不振。

　　不过，当朋友们看到吕克·贝松的时候，大家都不由得露出了轻松的微笑。此时的吕克·贝松不仅没有被负面的评论所击倒，还告诉大家，自己仔细地研究过了各种各样的批评。说着，吕克·贝松拿出随身携带的有关批评自己的报纸放在桌上，他一边指着报纸上面圈起来的一些批评性文字，一边和朋友们讨论着自己的感受和心得。吕克·贝松发现许多批评虽然尖酸刻薄了些，但是也确实指出了自己电影中存在的不足之处。"我应该感谢这些刺耳的批评，他们让我找到了自己电影中存在的不足之处。"吕克·贝松平和的心态让朋友们悬着的心彻底放了下来。大家相视一笑，心里清楚这样一个遭遇到事业巨大失败的人还能保持如此的热情和信心，那么，他的成功只是个时间问题罢了。

　　后来，事态的发展的确印证了朋友们的判断，吕克·贝松满怀着重整旗鼓的信心，顶着巨大的压力一点点完善着自己的作品，迅速成长了起来，并且得到了越来越多人的肯定和支持。若干年之后，他终于成为世界级导演中的一员。

罗曼·罗兰曾说："凡是天性刚强的人，必定有自强不息的力量。"确实，成功属于强者，属于那些最聪明、最杰出的人。如果你不愿服输，那么你就不会败在别人手里，也不会被自己打败。

成功之人一定会有过人之处。同样是面对人生的坎坷无常，生活的失败，如果换了其他人也许早就乱了阵脚、信心全无了。然而吕克·贝松在面对失败的时候，仍然保持着一颗平静而自信的心，他虽然一时失败了，但是赢得了一世的成功。在生活中，所有人都有可能遭遇到各种各样的不幸，有些人往往只是一味地抱怨，吕克·贝松却用自己的行动告诉世人：面对失败，我们一样可以保持一颗平静的心，只要我们不因为失败而萎靡不振，那么我们就一定能够想办法使事情有所转机。

一位著名的击剑运动员在一次比赛中输给了一个与自己水平不分伯仲的对手。第二次相遇，由于上次失利阴影的影响，这名运动员又输掉了比赛。尽管他并非技不如人。第三次比赛前，这名运动员做了充分的准备，他特意录制了一盘磁带，反复强调自己有实力战胜对手，每天他都要将这盘录音听上几遍，心理障碍消除了，他在第三次比赛中轻松击败对手。

缺乏自信常常是性格软弱和事业不能成功的主要原因。有一个美国外科医生，他以善做面部整形手术闻名遐迩。他创造了奇迹，经整形把许多丑陋的人变成漂亮的人。他发现，某些接受手术的人，虽然为他们做的整形手术很成功，但仍找他抱怨，说他们在手术后还是不漂亮，说手术没什么成效，他们自感面貌依旧。

当各种压力从四面八方不断向我们包围过来时，要有勇气去承受，并努力去化解，切忌在压力来临时，因害怕而惊慌失措，这样就容易被压力摧垮。

很多时候，事情并没有我们想象的那么困难，只是我们在遇到新的挑战的时候会担忧，回想如果我们失败了会怎样，这个时候我想重要的不是如何去做事情，而是如何摆正心态，任何挑战关乎的更多的是心灵的感受而非事情本身的难度或者其他。我们没有必要总是想着自己失败了怎么办，我们要想即使失败了，我也要好好地去应对，唯有如此，我们才能不害怕失败，不害怕失败的时候，成功反而轻松地就来了。

我们多半喜欢自惭形秽，我们多半喜欢挑剔自己。我们总是抱怨自己长得不够美，自己不够优秀，可是仔细想想，别人没有否定自己，为什么我们自己先否定自己呢？为什么别人没有觉得我们长得丑，我们自己先是就退缩了呢？很多时候自卑真的很可怕，我们输就输在了心理上，而不是其他方面，所以我们要鼓足勇气，不要自己先认输。

生活禅理

相信自己，才能取得成功。做事情不能先输给自己，输给了自己就永远不会赢得别人。我们要认识到，人生多半不会是十全十美的，现有的自己就是最好的，我们就是最棒的。

修正自己错误的认识

西方有句话就说"犯错误的才是人"，佛家认为，修行就是修正自己错误的认识和言行，修行就是对自己的毛病与习气、对自己的偏差进行纠正，纠正的过程是最有效的修行。

修行是一种心理历程，是我们重新开始，慢慢地学会如何说话，如何做事。

有一次，苏东坡去拜访佛印禅师，看到佛印禅师正在打坐，于是就在佛印禅师身边坐下，学着他的样子。大约过了两个时辰，苏东坡觉得身心通畅，于是站了起来。他觉得自己的"禅功"已经入门了，便忍不住向佛印禅师问道："禅师，你看我坐禅的样子如何？"

佛印禅师看了看苏东坡，赞叹道："好一尊佛！"

苏东坡听到禅师的赞赏，十分高兴。随后，佛印禅师随口问苏东坡："你看我的坐姿如何呢？"

苏东坡与佛印禅师关系不错，他们是很好的朋友，平日里总是你来我往地调侃，这个好机会苏东坡怎么会放过呢？于是他就毫不客气地说道："好一堆牛粪啊！"然后自己就在那里哈哈大笑。

佛印禅师也没有动怒，只是坦然一笑。

苏东坡以为自己赢了这场论禅，于是逢人便说他赢了佛印禅师。他的妹妹苏小妹知道这个消息后，找到苏东坡，说道："哥哥，赶紧收起你的话吧！你都输了，还好意思说自己赢了。"

苏东坡不解地问道："明明是我赢了，怎么会输呢？"

苏小妹说："禅师的心中有佛，所以他看你像佛，而你心中有粪，所以看禅师才像牛粪。"

听了妹妹的话，苏东坡惭愧得无地自容。

你的心才是你自己的主人，人生所有的一切都因心而起。内心的想法决定了人的表现。你的心里所有决定了你的眼里所见。因此，一定要修炼自己的内心，做到心无杂念，坦然处世。要修正自己内心的错误，就要不断地反省。自我反省的目的，就是要对自己有一个正确的认识和评价，就是要自觉地约束自己。只有正确认识和评价自我，才能有自知之明。每个人都有缺点和不足，自我反省可以使我们克服这些缺点和不足，也可以帮助我们明辨是非善恶。一个人，只有常常自我反省，才有可能得到别人的信任与尊敬；一个人，只有常常自我反省，才能找到探寻人生的钥匙，同时也可以培养自我的完美品质。

人总是要变的。要么改变别人，要么改变自己。改变别人是反抗，改变自己就是自我反省。在这两种的改变形式中，前者比后者更难实施。自我反省人人都可以，却不一定去做；而反抗的勇气并非人人都有，而且代价也比较大。然而不管怎样，改变虽难，却必须去做。

人是生活在社会中的，每个人都有自己的需要和利益。但在进入社会之后每个人都需要适当妥协。一个不理会他人的感受与需求的人，一定不会受欢迎。为了融入社会，人需要不断地调整自己，使自己完善，使自己成为一个能很好实现自身价值的人，快乐的人。自我反省的作用就是这些。可以说它对每个人都是必要的。

　　而反抗就不一样了。因为小事和朋友吵架，这并不是反抗。反抗是在自我反省没用的状况下，和不合理的事情作斗争。革命就是针对社会制度的一种反抗。人们通常认为客观环境很难改变，这就是反抗的最大阻力。面对不公正不合理的事情，如果每个人都选择顺从，适应，那么这种不合理就会越来越广泛，甚至变成"合理"，从而使人们陷入自掘的坟墓中去。所以说反抗是社会生活中必不可少的声音，虽然力量不是很大，却像暮鼓晨钟，给人以警醒。

　　人们都有一种心理，就是不愿被别人改变。就算自己的思想是错误的。他们也不愿别人去改变自己。其实，自我反省是反抗的前提，反抗又能促进自己和更多的人进行自我反省。大凡成功的反抗者，都是很好的自省者。鲁迅先生就是其中的典型。他用犀利的文字痛斥不愿自我反省的文人和不愿意反抗的百姓，而且他对自己也经常剖析批判。格瓦拉的反抗精神更是成为今天勇于进行自我反省的年轻人的榜样。因此，这两种改变的形式其实是统一的。反抗与自省，一定要把这两个词深深记在心里。反抗使人勇敢、坚定，自我反省使人智慧、沉稳。只要做到这两点，我相信你一定会成为一个优秀的人。

　　2005 年 5 月 7 日，时任德国总理的施罗德对纳粹德国发动的侵略战争给俄罗斯及其他各国人民造成的伤害表示道歉，他在俄罗斯报纸撰文："我们对通过德国人之手和以德国人之名给俄罗斯及其他各国人民造成的伤害表示道歉，请求宽恕。"除了认罪、忏悔和道歉外，德国政府在战争赔偿问题上态度也很明确，先后向波兰、俄罗斯、原捷克斯洛伐克等受害国家和受害的犹太民族进行了巨额赔偿。联邦德国成立后即开始退还纳粹没收的财产，赔偿受损失者。1956年，联邦德国议会通过了《纳粹受害者赔偿法》，400万人在以后的几十年里获得赔偿；1995年，德国政府在柏林市中心修建了"恐怖之地"战争纪念馆，专门揭露纳粹的种种暴行；2001年6月，德国议会批准成立资金为45亿美元的基金，用来赔偿纳粹时期被迫为德国企业卖苦力的劳工，到2002年，德国赔偿金额达到1040亿美元，现在每年还继续向10万受害者赔偿6.24亿美元的养老金；2005年又在柏林修建了大屠杀纪念碑和纪念馆；德国教科书对纳粹政权的暴行也从不掩饰。

德国人严肃而认真地审视自己的历史，不断地自我批评，改正错误，也终于一改往日形象，赢得了邻国的尊敬和信任，成功从战争中恢复，走出了战争带来的困境和阴霾，重新融入欧洲社会之中。

每个人都有毛病和缺点，每个人也都会犯错。承认自己的缺点就意味着进步。看到自己的错误与缺点的时候，就得进行自我改造。在改造过程中，可能会遇到各种各样的困难，但是智慧的人却知道怎样控制自己。有的人被骂的时候也还笑容满面，这不一定是脸皮厚，而是以一种积极向上的心态去反抗。有的人只有在该发脾气时发脾气，不该发脾气时会很平静，显得很大气、很有气度。

生活禅理

发现自己的错误，这就是开悟；改正自己的错误，这就是成就。发现了所有的错误，这就是彻悟；改正了所有的错误，这就是圆满。敢于承认自己的错误，敢于暴露自己的缺陷，只有这样，我们才能更加进步。

超越身心的限制

俗语言"初生牛犊不怕虎"，然而牛长大后却"谈虎色变"，避之不及，失去了小时候挑战老虎的勇气。这种现象在人类身上同样存在着，因为挣扎的痛苦让人刻骨铭心，所以便对其产生了恐惧心理，失去了斗志，任恐惧束缚自己的身心。

社会发展的速度越来越快，很多时候，我们跟不上社会的脚步，跟不上时代的节奏。这个时候最重要的不是让别人牵着鼻子走，而是超越内心，消除恐惧。

有人去泰国旅游，回来后说起一桩颇耐人寻味的事情：他说那里的人们总是把作为谋生工具的大象，拴在根极为不起眼的小木桩上，论大象的力气，完全可以轻而易举把木桩拔起，然而这些庞然大物们从来不会尝试着挣脱。他非常疑惑，当地人告诉他，是因为这些大象从刚生下来不久，人们就会把它们拴到树桩上，这些被束缚了自由的小象们通常会惊慌失措，不断挣扎，甚至不惜伤痕累累，然而凭它们之力，是无法撼动树桩的。几次反复，小象们显然已经意识到自己根本无法摆脱这种束缚，久而久之，当这些小象长成大象后，人们往往只需用一根小木桩就可以把大象们拴住，因为它们已经习惯了这种束缚，并且也习惯接受了这种挫折。

这个事例，不禁使人受到了强烈的震撼！与其说大象是被一个小木桩拴住，不如说大象是被程度渐深的挫折感下意识地束缚。这使我想起，在现实社会中，我们每人都面临着暂时的挫折和失误，很多时候，我们就像这头大象一样，明明困难很小，我们却没有跨越过去，被一些小木桩困在了那里，不得前行。当我们认识到这一点的时候，我们会觉得自己很搞笑，会觉得自己非常懦弱。所以我们不妨多提醒自己，再大的困难只是因为我们没有识破它，或许那只是小木桩，或许那只是一种假象，我们是大象，还畏惧什么呢？

挣脱身心的束缚，让自己摆脱任何可能阻碍自己成为理想中人物的障碍；不要因为可能做不到就怀疑自己的能力，也不要因为对梦想不确定，就低估了它的价值。挣脱身心的束缚，将自己从过去中解脱出来，昔日的美好事物会继续留在记忆中，而想要忘记的就会忘记，因为明天又是新的一天。不要后悔，不要愧疚，只需要尽自己的努力将这一天过得更充实。

我们往往会为了没有得到的东西而耿耿于怀，得到之后又因害怕失去而备受折磨。我们所爱的人，理想的工作，休闲的时光和心爱的座驾都能让我们走进死胡同，而忘记自己真正想要什么，然而真正的幸福来源于自爱和自我充实。

　　有人说，人们对某人某事的欲望与热爱成正比，欲望越强，爱意越浓。实际上，正是这种控制欲让我们与幸福背道而驰。强烈的欲望只能让我们的心激起澎湃的涟漪，而不会为我们带来幸福。

　　我可以完全脱离欲望吗？答案显然是否定的，但我们的心必须明白一点：幸福，源于内心，而不是从外面来，我们应该学会与他人分享。

　　从前有一个小和尚想学书法，老和尚说，就从"我"字练起吧。并给小和尚提供了几个前辈和名家们"我"的字帖。

　　小和尚练了一个上午的"我"字之后，拣了几个自己比较满意的"我"字，拿去让师父指点。老和尚斜了一眼说："太潦草了，接着练。"一个星期后，小和尚自己也记不清究竟练了多少个"我"字了，又拣了几个自己满意的字，拿去让师父看。老和尚随手翻了翻那几个字，一边背过手去一边轻声说："太漂浮了，接着练。"小和尚沉住气，接着练了半年，基本上能把前辈和名家们的几个"我"字临摹得惟妙惟肖了，便又拿去请教师父。老和尚静静地看了一阵那几个字，拍拍小和尚的肩膀说："有长进，不过接着练，因为你还没有掌握'我'字的要领。"

　　受到承认和鼓励之后，小和尚终于静下来，揣摩着师父的开导，一遍遍、一天天地练下去，半年之后，小和尚又找到师父。这次拿来了一个"我"字，不过这个"我"字不是泛写和临摹了，每个笔画都是异样的一种新书法。很显然，小和尚熟能生巧地独创了一种书法新体。老和尚终于满意地笑了，他意味深长地对小和尚说："你终于写出了自己的'我'，找到了自'我'了。"

忘我是走向成功的一条捷径，只有在这种环境中，人才会超越自身的束缚，释放出最大的能量。成功就是要专注，专心，目标聚焦，以至达到忘我的境界，最终出色地完成工作。

生活禅理

一个人应该舍弃愤怒，拔除傲慢，超越所有的束缚。不执着于物质的人，内心可以得到真正的安宁，而不受外在的影响。

心的大自由

美好的东西都值得去拥有，但不一定是金钱、地位和荣耀。适当的时候选择放弃，适当的时候学习平淡，适当的时候无为无求。打开欲望的枷锁，静下心来体验每一次的温馨，享受每一分的亲情，感谢每一时刻的重逢，体验一下大自然的风光与美丽，放飞心灵，让心灵去旅行。

有一种因子叫做自由，已经远远逃离了我们的灵魂，躲在一个小角落里，看着我们或疯狂或平静或淡然或默默的人生。我们找不到自由在哪里，于是心里总巴望着有一天见到它。

　　有一个生活得非常沉重的人，跋山涉水去寻找圣人，咨询解脱的办法。圣人给他拿了一个背篓，指着一条铺满沙砾的道路对他说："你每走一步就捡一块自己喜欢的石头放进去，看看最后会有什么感受。"

　　那人照着圣人的吩咐去做，走出没有多远，石子便装了半个背篓。圣人问他有什么感受？他说："越往前走，让人喜欢的石子越多，背篓也就越沉重。"

　　圣人微笑着说："孩子，我们每个人刚来到这个世界的时候，都背着一个空空的背篓。然而，随着我们逐渐地长大，喜欢的东西也越来越多。我们每走出一步，都要从这个世界上捡一样喜欢的东西放进背篓，结果路走得越远，背篓里的东西也就越多，这就是你为什么会觉得生活的负担越来越沉重的原因。"

　　那人问圣人："我们应该如何来减轻生活的沉重呢？"圣人回答道："减轻这份沉重其实很简单，你只要把工作、爱情、婚姻、家庭、友谊中的任何一份东西拿出背篓都会减轻沉重。"圣人接着说："你愿意将其中的哪份东西毫不犹豫地拿出背篓呢？"面对圣人，那人无言以对。

　　想想我们有多久没有痛快地说话了？我们把很多愤怒、哀怨、悲伤放在心底，让它默默地消化，变成身体里的一部分，跟随着我们日复一日地生活。

　　想想我们有多久没有安安静静地在清晨的窗子边上吃一份清新早餐了，我们每天都会饿着肚子匆匆忙忙冲向地铁站。

　　想想我们有多久没有痛快地去玩了？脑子里总是想着无穷无尽的工作，赶时间似的往前跑，可是有谁自己知道前面到底是什么？

　　我们每天都在往前追赶着什么，但却每天日复一日的平庸着，日复一日地不愿意接受现实的悲苦，漆黑的夜里对着天花板追忆自己的一生，然后发现一无所有。

　　我们的心被禁锢了，被一种莫名的东西所压制。只要做的事，与学习无关，与工作无关，与进步奋斗无关，那便是悔之莫及的浪费时间。

　　现实生活有太多我们需要割舍的东西，没有割舍之前你会觉得很辛苦，但是总是舍不得；割舍了以后，你会发现，其实很多事情不过如此。我们总是很贪心，我们想要得到好的房子，好的工作，好的车子，于是我们努力甚至有时候不惜出卖自己，但是真正得到的时候我们发现，不过如此，真的不值得我们当初的努力，不值得我们为它焦虑。所以很多时候，我们不要总是想要得到什么，而是考虑在我们没有得到的时候，我们如何也能快乐。

　　随着社会的进步和商品经济的发展，人们普遍追求生活的高标准，加之社会竞争紧张激烈，人们普遍感到很累。累，是事实。累的原因是人们过多的贪求所导致的。

　　要想不累，唯一的办法是彻底放下，不捡或少捡那些看似美妙实则给人带来沉重的石头。不要反对人们对美好生活的追求，没有追求就没有生活的动力。但也不赞成无限制和超出自己能力的追求。把握好自己，掌控好自己的欲望，是解放自己最好的办法。

　　没有得到的时候我们就悲伤，开心的时候我们就手舞足蹈，我们总是被外物控制着，总是无法走出来，活出真正的自己。一个人不可能完全自由地生活，可是，我们必须要学会适时地解脱自己，超越生活，我们不能因为天气不好就失落，不能因为困难来了就完全放弃自己，我们要学会淡然地看待生活中的一切。

生活禅理

抛开名利，让内心清净，这是无上的境界。很多人却放不下名利的诱惑，将自己置于牢笼之内。其实，看淡名利所诱，会拥有更广阔的天空，会得到心的大自由。

"无"时最快乐

生活中不是因为"有"而快乐，而是因为没有又得到而快乐。可是我们总有得不到的时候，此时也不必伤悲，因为生活的有无，完全取决于你自己。生活是一个大宝藏，关键看你怎么去获得真正的快乐！

自我超越很重要。认识真正的自己需要很大的勇气，但我们必须走这条道路。当我们照镜子时，我们不愿意看到一个平凡人，我们希望看到一个很特别的人；不论你有没有认识到这一点，我们就是不想看到一个庸庸碌碌、无所作为甚至有点神经质的凡夫俗子。我们希望镜子里的人是快乐的，然而我们实际看到的却是一个苦苦挣扎的人；我们觉得自己是宽容的，但却看到一个自私的人；我们希望自己是优雅的，但我们却看到自己粗俗不堪；我们看不到一个坚强不屈的人，却看到一个随着生老病死而日渐脆弱的人。愿望与现实之间的冲突，为我们的心灵带来许多的痛苦。

我们每天都陷于一种由"自我重要感"及"特殊感"所带来的痛苦之中。我们每一天都强调自我，这种执着的背后就是自我重要感，而我们的心灵也因此而受染。如果我们仔细观察我们就会发现，在我们所做、所说及所想的每一件事情背后，都有一个强大的自我重要感。"别人会怎么想？ 我会失去什么？怎么样才能更好？我能胜利吗？"所有的这些问题都是根源于自我重要感，如果我们觉得自己不够理想，也是自我重要感的原因。

我们希望自己是强大的，能掌控一切的；但我们却像易碎的蛋壳。我们不喜欢脆弱的自己，这个脆弱的自我需要被保护、被武装，然而却使得我们痛苦地受困于心墙内。我们害怕事情不按照我们的意愿进行，也越来越不确定事情是否会成功。

禅师在菜园里锄草，不小心锄死了一只青蛙，禅师好像没看到似的，仍一心锄草。弟子见在眼里记在心里。

到了晚上，弟子对禅师说："师父，您今天锄草时锄死了一只青蛙。"弟子的意思是禅师今天犯了杀戒，禅师没有理睬他，弟子又重复了刚才的话，禅师还是没有理睬他。

弟子默默地退了出来，到了另一位禅师那里，把今天在菜园里发生的事和自己说的话告诉了他。

这位禅师说："这就是我不能超过他的地方，他真正做到了心无挂碍啊。"在前一位禅师心里，无意犯错不为过，刻意行善不为善。我们不要被身边的一些小事所左右，而束缚自己的手脚。修行如此，做人亦如此。

　　愿望和现实生活之间产生冲突，给我们的心灵带来了巨大的痛苦；放下自我重要感，超越空想，看到真正的自己，无疑需要很大的勇气，而这正是我们修行的道路。一片草原，在你看来，便是在大地这张纸上涂抹的一幅画，空旷而辽远；一方天空，纯净无垠，没有云与鸟的打扰，像淘洗过一般，固守一片纯净；一湾海域，无风无浪，只有天的倒影，让原来的蔚蓝变成一种饱和，这种平静足可以让你想到天荒地老……可以说，以上的景观便是空灵的。空灵是一种宁静和谐，一种无穷，而且空灵对于我们不是虚幻，它无处不在。所以空灵于人，是心灵上一种短暂的休息和调适。

　　佛学说："空空来，空空去"。一位作家说："人生是生不带来死不带去的一辈子。"为了现实的生活，我们争取更多的生存空间，如果我们少一些怨恨与挂碍，少一些渴求，那么我们的生存空间就会更大一些。

　　比如友谊，很多时候我们的朋友无法在我们的身边，很多时候我们无法在需要的时候第一时间找到他们，可是这并不值得悲伤。朋友是我们心灵的慰藉，是我们人生的伙伴，但是并不代表着能时时刻刻在我们身边。很多时候我们依靠的是我们自己，而朋友只是我们惺惺相惜的心灵寄托。

　　比如不幸。很多时候我们觉得自己特别不幸，似乎我们总是在失去，我们总是在失败，可是仔细想想，我们的不幸是因为我们对生活的要求超出了我们自己的能力范围，也许是我们太过贪心了。我们太想拥有，并且把拥有看做理所当然。所以我们得不到的时候，我们就觉得不幸，可是生活想告诉我们的是：无论有还是没有，都不妨碍我们幸福。

比如荣誉。成功早晚都会成为过去，我们要做的不是沾沾自喜，不是总沉湎在我们的过去的辉煌中。人生就是一个旅程，会有很多的驿站，当我们取得成就的时候，我们必须要知道，一旦成功了，就已经成为过去。现在才是最重要的，抓住现在才是我们生活的根本目的。同时，我们要知道，无论什么时候荣誉都不是最重要的，我们只要活得坦然，只要认真了，努力了，这样就足够了。那些证明自己的东西都将成为过去式，难道一个聪明的人会沉浸在过去的虚妄之中吗？

聪明的人一生最怕什么都没有，智慧的人一生只求心无挂碍。聪明人看人个个心术不正，智慧人处世则时时良辰美景。聪明之人，要求步步占先。智慧之人，却会事事退后。宽容是人和人之间的纽带，理解是心和心之间的桥梁，慈悲是这个世界的灵魂。用爱心走完人生，用理解寻找平衡。最上的人闭心，中间的人闭口，最下的人闭门。客来谨防口出伤人之语，独坐谨防心生伤人之念。以静培德，以俭修身，以退养心，以让处世。人生有恩怨，人生有风霜，人间有炎凉，我只修我心。我虽无超凡之处，却有超凡之心。我虽无脱俗之时，却有脱俗之心。知足人方可以做富中富人，脱俗客方可以做贵中贵人。心无挂碍，如入无我之境，体会当下简约的生活，谁说不快乐呢？

生活禅理

　　心的本体如虚空一般广大无边，能够涵容万物，包并天地。《经》上说："若人欲识佛境界，当尽其意如虚空。"虚空至大至广，找不到边，虚空成就万物而毫无索取。我们要想了解禅理的境界，便应该将我们的心扩充如虚空那么无边无际、无牵无挂，才能包容宇宙万物。